Estratégias de
comunicação
em marketing

Central de Qualidade — FGV Management
ouvidoria@fgv.br

SÉRIE CADEMP

Estratégias de comunicação em marketing

2ª edição

Vera Waissman
Carlos Campana
Nayra Assad Pinto

Copyright © 2011 Vera Waissman, Carlos Campana, Nayra Assad Pinto

Direitos desta edição reservados à
EDITORA FGV
Rua Jornalista Orlando Dantas, 37
22231-010 — Rio de Janeiro, RJ — Brasil
Tels.: 0800-021-7777 — 21-3799-4427
Fax: 21-3799-4430
editora@fgv.br — pedidoseditora@fgv.br
www.fgv.br/editora

Impresso no Brasil/*Printed in Brazil*

Todos os direitos reservados. A reprodução não autorizada desta publicação, no todo ou em parte, constitui violação do copyright (Lei nº 9.610/98).

Os conceitos emitidos neste livro são de inteira responsabilidade dos autores.

1ª edição — 2008
2ª edição — 2011
1ª reimpressão — 2012

Preparação de originais: Sandra Frank
Editoração eletrônica: FA Editoração Eletrônica
Revisão: Adriana Alves | Fatima Caroni
Capa: aspecto:design
Fotografia: Alex Hinds, UK — Stockxpert

Ficha catalográfica elaborada pela
Biblioteca Mario Henrique Simonsen/FGV

Waissman, Vera
    Estratégias de comunicação em marketing / Vera Waissman, Carlos Campana, Nayra Assad Pinto. — 2. ed. — Rio de Janeiro: Editora FGV, 2011.
    164 p. — (Série Cademp (FGV Management))

    Publicações FGV Management.
    Inclui bibliografia.
    ISBN: 978-85-225-0916-4

    1. Comunicação em marketing. 2. Planejamento estratégico. I. Campana, Carlos. II. Pinto, Nayra Assad. III. Fundação Getulio Vargas. IV. FGV Management. V. Título. VI. Série.

                                  CDD — 658.8

*Aos nossos alunos e aos nossos colegas docentes,
que nos inspiram a pensar e a repensar as nossas práticas.*

Sumário

Apresentação   11

Introdução   15

1 | O cavalete, a tinta e os pincéis   19
   Os quatro Ps   21
   O planejamento   24
   Missão, visão e valores   26
   O planejamento de comunicação   27

2 | Abrindo os trabalhos   31
   A marca   31
   A identidade   33
   A imagem   34
   Brand equity   36
   Ética e responsabilidade social   38

Responsabilidade corporativa   40
Posicionamento   42

3 | **Conversas paralelas**   47
Teoria das Necessidades Humanas   48
O ciclo de vida   50
A hora da pesquisa   54

4 | **Ligando os pontos**   61
O diagnóstico   61
A análise Swot   62
Os stakeholders   65
Os objetivos   69
O público-alvo   74

5 | **A paleta de cores – uma amostra**   83
Responsabilidade social   88
Comunicação interna e identidade corporativa   88
Identidade corporativa   94
Gestão da marca   95

6 | **A paleta de cores primárias**   97
Propaganda   97
Promoções e merchandising   103
Assessoria de imprensa   114
Lobby   116

7 | **A nova paleta de cores**   121
As muitas nuances entre o branco e o preto   121
Marketing de relacionamento   126

8 | **Enquadrando a obra**   135
   Agências   135
   CONAR e CENP   136
   Publicidade   142
   O Código de Defesa do Consumidor (CDC)   143
   Oferta   148
   Promoções   152
   Direitos autorais   153

Conclusão   157

Referências   159

Os autores   163

Apresentação

Este livro compõe as Publicações FGV Management, programa de educação continuada da Fundação Getulio Vargas (FGV). Instituição de direito privado com mais de meio século de existência, a FGV vem gerando conhecimento por meio da pesquisa, transmitindo informações e formando habilidades por meio da educação, prestando assistência técnica às organizações e contribuindo para um Brasil sustentável e competitivo no cenário internacional.

A estrutura acadêmica da FGV é composta por oito escolas e institutos: a Escola Brasileira de Administração Pública e de Empresas (Ebape), dirigida pelo professor Flavio Carvalho de Vasconcelos; a Escola de Administração de Empresas de São Paulo (Eaesp), dirigida pela professora Maria Tereza Leme Fleury; a Escola de Pós-Graduação em Economia (EPGE), dirigida pelo professor Rubens Penha Cysne; o Centro de Pesquisa e Documentação de História Contemporânea do Brasil (Cpdoc), dirigido pelo professor Celso Castro; a Escola de Direito de São Paulo (Direito GV), dirigida pelo professor Ary Oswaldo Mattos Filho; a Escola de Direito do Rio de Janeiro (Direito Rio), dirigida pelo professor Joaquim Falcão; a Escola de Economia de São Paulo (Eesp), dirigida pelo professor Yoshiaki Nakano; o Instituto Brasileiro de Economia (Ibre), dirigido pelo professor Luiz Guilherme Schymura de Oliveira. São diversas unidades com a marca FGV, trabalhando com a mesma filosofia: gerar e disseminar o conhecimento pelo país.

Dentro de suas áreas específicas de conhecimento, cada escola é responsável pela criação e elaboração dos cursos oferecidos pelo Instituto de Desenvolvimento Educacional (IDE), criado em 2003 com o objetivo de coordenar e gerenciar uma rede de distribuição única para os produtos e serviços educacionais da FGV, por meio de suas escolas. Dirigido pelo professor Clovis de Faro e contando com a direção acadêmica do professor Carlos Osmar Bertero, o IDE engloba o programa FGV Management e sua rede conveniada, distribuída em todo o país (ver www.fgv.br/fgvmanagement), o programa de ensino a distância FGV Online (ver www.fgv.br/fgvonline), a Central de Qualidade e Inteligência de Negócios e o Programa de Cursos Corporativos In Company. Por meio de seus programas, o IDE desenvolve soluções em educação presencial e a distância e em treinamento corporativo customizado, prestando apoio efetivo à rede FGV, de acordo com os padrões de excelência da instituição.

Este livro representa mais um esforço da FGV em socializar seu aprendizado e suas conquistas. Ele é escrito por professores do FGV Management, profissionais de reconhecida competência acadêmica e prática, o que torna possível atender às demandas do mercado, tendo como suporte sólida fundamentação teórica.

A FGV espera, com mais essa iniciativa, oferecer a estudantes, gestores, técnicos – a todos, enfim, que têm internalizado o conceito de educação continuada, tão relevante nesta era do conhecimento – insumos que, agregados às suas práticas, possam contribuir para sua especialização, atualização e aperfeiçoamento.

Clovis de Faro
Diretor do Instituto de Desenvolvimento Educacional

Ricardo Spinelli de Carvalho
Diretor Executivo do FGV Management

Sylvia Constant Vergara
Coordenadora das Publicações FGV Management

Introdução

Este livro trata das formas pelas quais fazemos a comunicação em nossas organizações. Às vezes um cliente procura sua agência em busca de soluções prontas, afirmando precisar, por exemplo, de um anúncio de página dupla, em quatro cores, na revista X, ou precisar fazer um evento Y para aparecer nas revistas. Nesse caso, caberia perguntar: se o cliente acha que sabe exatamente do que precisa, para que chamou a agência?

A comunicação pode e deve cumprir um papel além de simplesmente informar um leitor a respeito de tal marca ou de suas respectivas propriedades. Deve também estar a serviço da construção da marca de uma empresa, independentemente de seu porte ou tipo. Afinal, é isso que poderá ajudá-la a se manter em evidência ou mesmo assegurar sua existência além do curto prazo.

A diversidade de ferramentas de comunicação, o enorme leque de opções tecnológicas, a efervescência de novos meios, as mudanças de hábitos e comportamentos dos consumidores, só para citar alguns, mostram o tamanho do desafio com que nos deparamos ao escrever este livro. Afinal, era preciso buscar um propósito que, além de informar, trouxesse exemplos e aplicações práticas para a comunicação, independentemente das novidades que acontecem a cada dia nessa área. Buscamos, assim, privilegiar o raciocínio estratégico diante dessa área de conhecimento, visto que, se o leitor acompanhar o pensamento estratégico aqui proposto para o uso da comunicação, os meios e ferramentas, por mais novos que sejam, estarão a serviço desse raciocínio. E não o contrário.

Assim, este livro partirá de um raciocínio planejado e estruturado para a construção de marcas, por meio das diferentes ferramentas de comunicação e suas principais características. É a comunicação a serviço da marca, em que as soluções têm razões estratégicas, além de vender mais. Afinal, é mais fácil vender mais uma marca já conhecida ou aquela que vem sendo estrategicamente trabalhada para se tornar conhecida.

O primeiro capítulo traz os principais conceitos relativos à estratégia de comunicação em marketing, vinculando-os à obra que pretendemos construir juntamente com você, leitor.

O segundo capítulo expõe temas e conceitos que se mostram aparentemente soltos e independentes. Frisemos, caro leitor, que é só aparentemente, uma vez que cumprirão funções definidas, como poderá ser observado ao longo da leitura.

O terceiro capítulo aborda assuntos que não se referem exclusivamente à comunicação, mas a apoiam, ajudando o leitor a complementar tecnicamente suas escolhas.

Tal como numa receita de bolo, esses conceitos seriam alguns dos ingredientes com os quais, na sequência, no quarto capítulo, veremos o modo de fazer: nossa proposta de "ligar os pontos" do conjunto de informações apresentadas para planejar a comunicação de marketing, tecendo o planejamento estratégico de comunicação (PEC).

Já o quinto capítulo apresenta as principais ferramentas que compõem a comunicação integrada, como se fossem as cores disponíveis, e sua dinâmica com a paleta de cores e com o gestor da marca. Afinal, há várias formas de trabalhá-la. Mas como escolher o mais indicado para seus desafios?

Justamente com base nessa questão é que separamos as ferramentas em dois blocos: as tradicionais e as novas. O sexto capítulo irá abordar aquelas que falam diretamente à massa da população, as mais tradicionais, como propaganda, publicidade e assessoria de imprensa.

Como há empresas e profissionais que estabelecem quais são as suas necessidades partindo do público-alvo, pois naquele dado momento precisam se comunicar especificamente com aquele segmento de mercado, enquanto outros preferem trabalhar com ferramentas mais específicas, com uma demanda do tipo *precisamos fazer uma promoção para escoar o final desta coleção de verão*, o sétimo capítulo trará as novas ferramentas de comunicação, que também permitem falar à massa, só que a partir dos nichos.

Não há um caminho considerado perfeito, em que uma opção elimine a outra, ou em que alguma implique erro ou acerto, pois, em ambos os casos, o profissional quer aproveitar uma oportunidade diante da situação. Todas as ferramentas serão apresentadas, para que você possa ver de que maneira poderiam ser aplicadas à empresa em que trabalha, com seus principais aspectos positivos, fragilidades e contextualização em exemplos. Mostraremos, ainda, formas de mensuração de resultados mais utilizadas. Se você considerar algumas teorias e conceitos aqui apresentados e os estruturar com base em uma lógica estratégica, suas chances de vender mais e construir sua marca, simultaneamente, aumentarão significativamente.

Por fim, o oitavo capítulo trará a legislação pertinente aos principais temas abordados, possibilitando a você vislumbrar um panorama do relacionamento entre os vários agentes envolvidos e as respectivas limitações existentes.

Para melhor exemplificar todo o caminho percorrido neste nosso diálogo, foi criada especialmente uma empresa fictícia, a RalAção!, que nos acompanhará na construção dos conceitos estudados ao longo do livro.

Dessa forma, pretendemos ajudar você, caro leitor, a se transformar em um maestro hábil e virtuoso, capaz de harmonizar a orquestração desses conceitos à realidade da organização em que trabalha. Queremos mostrar que há um caminho estruturado para uma comunicação única e distinta, tornando sua marca diferenciada da concorrência e levando o consumidor a escolher, conscientemente, seus produtos/serviços.

Boa leitura!

1

O cavalete, a tinta e os pincéis

Este capítulo apresenta os principais conceitos gerais envolvendo estratégia, comunicação e marketing, preocupando-se em apresentar a você as principais teorias, técnicas e ferramentas com que vai lidar ao longo de sua leitura.

No mundo dos negócios muito se fala em estabelecer uma estratégia para atingir determinado objetivo ou meta. Do grego *stratègós*, "estratégia é a arte de planejar e aplicar os meios disponíveis com vista a alcançar objetivos específicos", segundo o *Novo dicionário Aurélio*. Alguns registros sobre a aplicação e utilização da estratégia vêm de um livro escrito durante o século IV a.C. por Sun Tzu, *A arte da guerra*, que define nossa proposta:

> Estratégia sem tática é o caminho mais lento para a vitória.
> Tática sem estratégia é o ruído antes da derrota.[1]

---

[1] Disponível em: <www.pensador.info/estrategia_empresarial/>. Acesso em: 18 jan. 2010.

Já a palavra *comunicação* tem diferentes acepções, das quais selecionamos duas, ambas oriundas do latim *communicatione*. A primeira significa comunhão, repartir algo, compartilhar. A segunda, mais ampla, tem o sentido de levar o conhecimento, transmitir e ensinar, informar, conversar. Vejamos:

> 1. Ato ou efeito de emitir, transmitir e receber mensagens por meio de métodos e/ou processos convencionados, quer através da linguagem falada ou escrita, quer de outros sinais, signos ou símbolos, quer de aparelhamento técnico especializado, sonoro e/ou visual.
> 2. A capacidade de trocar ou discutir ideias, de dialogar, de conversar, com vista ao bom entendimento entre pessoas [*Novo dicionário Aurélio*].

E a palavra *marketing*, de origem inglesa e para a qual foram encontrados vários significados na tentativa de traduzir sua abrangência, é usualmente empregada em relação à comercialização de bens ou serviços, conforme definição estabelecida em 2007 pela American Marketing Association (AMA):

> Marketing é uma função organizacional e uma coleção de processos para criar, comunicar e entregar valor para os consumidores, e para gerenciar as relações com os clientes de forma a gerar benefícios para a companhia e seus *stakeholders*.[2]

Se adicionarmos outra definição, teremos:

> Marketing é o conjunto de operações executadas por uma empresa envolvendo a venda de um produto, desde a planificação de sua produção até o momento em que é adquirido pelo consumidor [*Dicionário Melhoramentos da língua portuguesa*].

---

[2] Disponível em: <www.marketingpower.com/AboutAMA/Pages/DefinitionofMarketing.aspx>. Acesso em 18: jan. 2010.

Ao juntarmos tudo, chegamos, então, à estratégia de comunicação em marketing, objeto deste livro: a arte de planejar e aplicar a comunicação em benefício de uma organização, produto ou serviço, como também em benefício dos diferentes públicos.

E como a comunicação e o marketing interagem? São sinônimos? Qual a diferença?

Para responder a essas perguntas, é necessário revermos os conceitos dos quatro Ps do marketing.

Os quatro Ps

Os autores McCarthy e Perreault Jr. (1999) resumiram o conjunto das principais atividades variáveis do marketing como os "quatro Ps", referindo-se às iniciais de *product* (produto), *price* (preço), *place* (praça, no que se refere à distribuição) e *promotion*, traduzido simplesmente como promoção, mas cujo significado é bem mais amplo: a comunicação integrada. Veja a figura 1.

Figura 1
Os quatro Ps do marketing

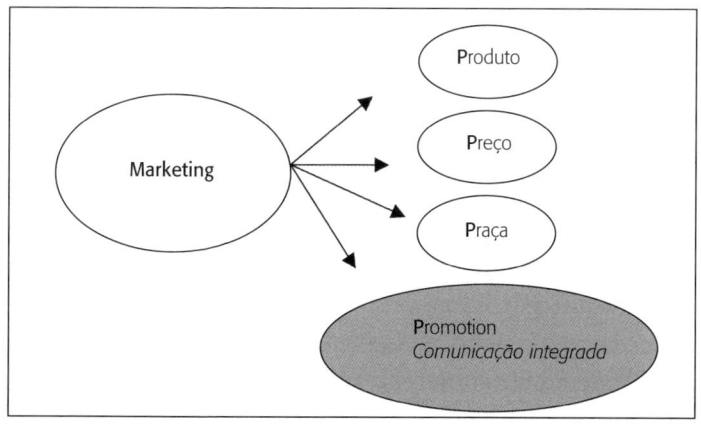

Normalmente falamos em *mix* ou composto de marketing para nos referirmos ao conjunto dos quatro Ps, sendo que cada um dos elementos que o integram abre, por si, um enorme leque de teorias, conceitos, técnicas, oportunidades e opções. Nosso foco e razão deste livro será apresentar e explorar justamente a comunicação integrada – ou *promotion* —, de modo que esteja a serviço das outras variáveis.

Os fundamentos dos quatro Ps estabelecem que o segredo da eficiência do marketing de um produto ou serviço está na capacidade de compreensão da dinâmica e na condução correta da gestão administrativa do composto mercadológico. Em outras palavras, para se obter um marketing bem-sucedido de um produto ou serviço é preciso gerenciar essas quatro grandes variáveis, como explicaremos resumidamente a seguir.

❑ *Produto*: variável que tem como base o que estamos vendendo ao nosso consumidor-alvo. Ou seja, refere-se a "o que" está sendo disponibilizado e oferecido ao potencial comprador. Estamos falando tanto de uma margarina ou de um serviço bancário quanto de uma conta especial ou uma linha de crédito, por exemplo.

❑ *Preço*: variável que trata do valor que o consumidor paga financeiramente por aquele determinado bem ou serviço que está adquirindo. Mais recentemente, no conceito mais evoluído do marketing, considera-se também qual é a "entrega ou pagamento" de caráter emocional que o consumidor, em última análise, efetivamente paga por aquele bem que está contratando ou comprando, por considerá-lo justo. Ou seja, quanto o consumidor está disposto a desembolsar para adquirir determinado bem ou serviço, considerando o que ele irá entregar, como promessa de valor.

❑ *Praça*: variável que cuida da distribuição. Trata-se de fazer com que seu produto ou serviço esteja acessível da maneira mais adequada, fácil, rápida e barata ao seu público-alvo. Junte-se, ainda, a complexidade do mundo globalizado e sem fronteiras com um novo consumidor, que quer tudo ao mesmo tempo, aqui e agora.

- *Promotion*: variável que tem como base a comunicação como um todo. Ela determina quais devem ser as formas, técnicas e meios de comunicação mais adequados para que o produto ou serviço que vamos promover seja conhecido em um primeiro momento e, finalmente, desejado e procurado pelo consumidor, com o maior interesse e a maior rapidez e eficiência possível.

Caberá ao profissional de marketing determinar quais são os pontos exatos de cada uma dessas quatro variáveis para que o *mix* administrado seja mais dinâmico, eficiente e, consequentemente, lucrativo para a empresa. E um dos principais indicadores do sucesso dessa administração é a participação que a marca tem no mercado em que atua – conhecida por *market share*.

No livro abordaremos prioritariamente o P de *promotion* ou comunicação integrada, e como ele pode ser trabalhado para fortalecer uma marca, produto ou serviço. A comunicação pode ou não estar em combinação com as outras três variáveis, e sempre deverá estar a serviço da marca, apoiando as demais variáveis. Até porque há empresas que têm, em seus organogramas, as áreas de comunicação e de marketing separadas, ao passo que outras sequer têm área de marketing, mas apenas a de comunicação. O importante é que haja sinergia entre os assuntos e as áreas.

Um exemplo de como funciona a administração desse processo é o caso da Gillette, que estendeu a oferta de seus produtos a outros tipos de pontos de venda, além dos tradicionais supermercados, farmácias e drogarias. Hoje, qualquer um de nós é capaz de encontrar os diversos produtos da Gillette também em lojas de conveniência, bancas de jornal, bares e lanchonetes. Essa política de ampliar o P de *praça* certamente fez com que os gerentes de produtos da empresa passassem a administrar as variáveis de *preço*, ao oferecer promoções de vendas convidativas. Passaram a "enxergar" de uma maneira diferente o P de *produto* ao modificar as embalagens que, então, passaram a oferecer quantidades menores, mais convenientes e que estimulam recompra de produtos em prazos menores. E o P de *promotion*, compreendido desde o *design* das novas embalagens até o desenvolvimento de campanhas promocionais envolventes, para comunicar os novos pontos de venda e a maior adequação na apresentação e disponibilização de embalagens para os produtos.

Em diversos outros segmentos de produtos e serviços, como o de cervejas, refrigerantes, bebidas alcoólicas, cosméticos, bancos, seguradoras, entre outros, a variável P de *promotion* tem-se constituído como uma das mais determinantes para o sucesso de seus projetos mercadológicos.

Por que, então, planejar a comunicação, já que é comum ouvirmos falar de planejamento estratégico, e até de planejamento estratégico de marketing? Há diferenças? Vejamos a seguir.

O planejamento

Planejamento, conforme nos mostra o *Novo dicionário Aurélio*, "é o ato ou efeito de planejar", e este, na mesma fonte, significa "projetar", "fazer um plano ou roteiro de" – em nosso caso, comunicação.

Além de conhecer os fundamentos da comunicação e suas várias ferramentas, descritas com o que chamamos de paleta de cores, faz-se hoje mais necessário do que nunca conhecer assuntos transversais, que outrora poderiam ser considerados exclusivos de outras áreas, como antropologia, sociologia, psicologia, estatística, economia, entre tantas outras. Isso porque algumas das fronteiras entre essas áreas de conhecimento se tornaram tênues, e, no mercado, marcas fortes contam com apoio de especialistas e de pesquisas nessas áreas. Estudam-se desde o comportamento dos consumidores, seu poder de decisão e escolha, até a própria dinâmica do mercado, tanto em potencial de vendas e volume quanto em tendências de consumo, apenas para citar alguns. No fundo, buscam-se formas de diferenciação entre as marcas de um mesmo segmento, destacando-as de seus concorrentes para minimizar os riscos de insucesso do negócio.

Dessa forma, acreditamos que planejar, antes de tudo, constitui uma maneira sistematizada de pensar que possibilite estruturar o raciocínio, a fim de responder a algumas questões básicas. O mesmo ocorre com a comunicação. É possível planejar tudo, seja uma festa em nossa casa, uma compra, uma viagem ou a comunicação da própria organização. Basta saber quem somos, onde estamos, o que pretendemos e onde poderíamos estar. Com base nisso responde-se como iremos chegar aonde pretendemos: por meio das estratégias mais adequadas e com o respectivo acompanhamento, para verificarmos se estamos no caminho certo.

Existem muitos modelos distintos de planejamento de comunicação, mas, em essência, tais modelos são compostos por quatro grandes passos: diagnóstico; recomendações; implantação; avaliação e controle. Todos são ancorados nos objetivos e públicos-alvo da organização, além de, idealmente, serem apoiados por diferentes tipos de pesquisas.

Para realizar o diagnóstico é necessário conhecer bem a empresa ou organização com que se vai trabalhar. E isso se inicia com a identificação de sua essência ou DNA, traduzida por sua missão, visão e valores.

Missão, visão e valores

O primeiro passo é entender quem é a organização, sua história, quais os valores em que acredita, e por que razões foi fundada/criada. Isso nos leva à percepção de sua existência, para podermos, então, compreender a dinâmica do mercado em que atua e sua posição presente. Dessa maneira buscamos compreender o que motivou sua criação, seu propósito de ser, também conhecido por missão da empresa. Leavitt (1986) afirma que a missão, além da razão de ser de uma organização, é também o ponto ideal que se deseja alcançar e, portanto, deve ser claro e consistentemente apontado, de modo que todos possam enxergá-lo. Ao mesmo tempo deve ser convincente o suficiente para que todos acreditem que é o melhor caminho possível. Indica, também, o tipo de atividade à qual a organização irá se dedicar e o que pode ser, consequentemente, esperado de sua atuação.

Uma vez definida a missão da empresa, é preciso estabelecer sua visão, ou a maneira diferenciada de fazer seus negócios, pois envolve a forma como a empresa pretende se ver no futuro. Mills (1996:82-83) afirma:

> Uma visão [...] é algo que parece impossível para nós num futuro imediato. É algo que queremos fazer ou ser, mas que parece muito para conseguirmos. [...] A visão de ontem é o objetivo de hoje, e temos que desenvolver uma visão para o futuro.

Uma empresa bem-sucedida é aquela que consegue cumprir os objetivos previamente definidos, como lucro, crescimento, prestígio ou, simplesmente, sua sobrevivência. E, por fim, chegamos aos valores da empresa, que são as crenças e filosofia dos dirigentes da organização. Para Motta (1998), os valores irão permear a política gerencial para desenvolver as ações futuras. São traduzidos no comportamento da empresa perante questões cotidianas para atingir os objetivos estabelecidos previamente. Devem inspirar seus dirigentes e corpo gerencial no que diz respeito ao comportamento a ser adotado. A forma de tratar seus diferentes públicos (tanto internos quanto externos) e de fazer seus negócios costuma refletir *o que* e *como* a administração da organização pensa, sente e, sobretudo, atua.

Embora os três conceitos – missão, visão e valores – sejam o ponto de partida para um planejamento estratégico da organização, o fato é que o planejamento de comunicação deve traduzi-los, transmiti-los e espelhá-los, sob pena de parecer comunicação enganosa. Se, entre os valores da organização, estiver expresso um comportamento ético, será que cabe a essa mesma organização pagar propina para vencer uma concorrência, ou mesmo para que um fiscal não a autue? É nítido que não. Então, como vamos planejar a comunicação? É o que veremos a seguir.

O planejamento de comunicação

Falamos em planejamento estratégico da organização e planejamento de comunicação. Mas qual é a diferença? E se minha empresa não possuir um planejamento estratégico? É possível, mesmo assim, formular um planejamento voltado apenas para a comunicação? Possível sim, mas ainda será preciso conhecer esses três elementos iniciais – missão, visão e valores – para que a comunicação efetivamente possa ser considerada estratégica, e para que possa estar a serviço da construção de marca da organização. Vejamos, a seguir, a ordem ideal dos fatores, conforme ilustrado na figura 2.

Figura 2
MACROETAPAS DO PLANEJAMENTO ESTRATÉGICO

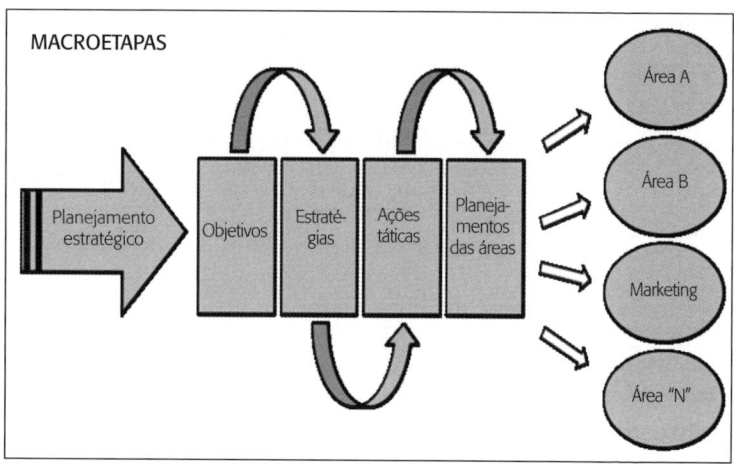

Idealmente, tudo tem seu início no planejamento estratégico da organização, a partir do qual são estabelecidos os objetivos, estratégias e ações táticas da empresa como um todo. Esse conjunto de atividades costuma ser definido pelo conselho de administração, quando existe, ou pelos acionistas majoritários ou fundadores da organização, muitas vezes apoiados por profissionais do assunto, contratados para esse fim.

Vejamos um exemplo desses aspectos para a nossa academia de ginástica, a RalAção!.

❏ *Missão*: proporcionar melhor qualidade de vida por meio da saúde física, catalisando o potencial de cada indivíduo.
❏ *Visão*: ser reconhecida por seus quadros técnicos, com ampla oferta de serviços e flexibilidade de escolha.
❏ *Valores*: qualidade de vida, flexibilidade, excelência técnica e de serviços, integridade, comprometimento.

Na sequência, cabe a cada diretoria formular o planejamento de sua área, também composto por objetivos, estratégias e ações táticas, de modo a atingir os resultados pretendidos pelo conselho – todos em estreita sinergia com os rumos almejados pela organização. O planejamento da comunicação não pode nem deve ser diferente, pois, além de buscar fortalecer a marca institucional da empresa, precisa ainda estar em consonância com o de outras áreas, apoiando-as para que também atinjam seus objetivos e acompanhem suas estratégias. A diferença essencial é o foco, uma vez que deverá estar centrado nos diferentes objetivos pretendidos – grupos de interesses da organização, mensagens e informações que precisarão ser entregues em determinado período – para, então, refinar os meios e formas mais indicados de abordagem.

No capítulo a seguir veremos conceitos fundamentais para entendermos o que é, de fato, uma marca, e como ela pode ser trabalhada para adicionar valor não apenas ao produto ou serviço, mas a toda a organização.

2

Abrindo os trabalhos

Neste capítulo estudaremos alguns conceitos que, complementarmente aos temas vistos no capítulo anterior, nos ajudarão a melhor entender como funcionam as estratégias de comunicação em marketing. Serão analisados os conceitos de marca, identidade, imagem, *brand equity*, ética e responsabilidade social, responsabilidade corporativa e posicionamento.

A marca

Antes de "mergulharmos" nos diferentes conceitos, instrumentos e características que integram um planejamento estratégico de comunicação propriamente dito, cabe discorrer sobre temas essenciais que permeiam todo este livro. Se afirmamos que não basta apenas vender, mas que, idealmente, precisamos construir marcas, significa que precisaremos abordar o que entendemos por *marca* – de uma organização, produto ou serviço –, por ser sua construção o nosso maior desafio. Por outro lado, como falar de marca sem abordar *brand equity*, ou mesmo posicionamento? E quanto aos aspectos da ética e da responsabilidade social? Portanto, iremos por partes, lembrando que a visão holística, do todo, é formada justamente pela soma das partes, já que uma marca é a alma do produto, ou mesmo do negócio.

O *Novo dicionário Aurélio* nos mostra a complexidade envolvida na definição do termo *marca*, apresentando mais de 20 diferentes acepções. Vamos nos ater a algumas, para podermos descrever os aspectos entrelaçados que a congregam:

❏ sinal que se faz num objeto para reconhecê-lo;
❏ desenho ou etiqueta de produtos industriais;
❏ categoria, qualidade, espécie, tipo;
❏ impressão (que fica no espírito).

Podemos observar que há aspectos tangíveis (literalmente, que podem ser tocados), tais como sinal, etiqueta etc., e intangíveis, como a qualidade percebida ou a impressão que determinada marca deixa. Esse conjunto, tangíveis mais intangíveis, nos conta a história e o histórico de uma marca, sob seus diferentes aspectos. Se você observar os elementos da figura 3, irá verificar que uma marca nos "fala" o tempo todo quem ela é – basta estar atento, para perceber seus sinais.

Figura 3
MARCA

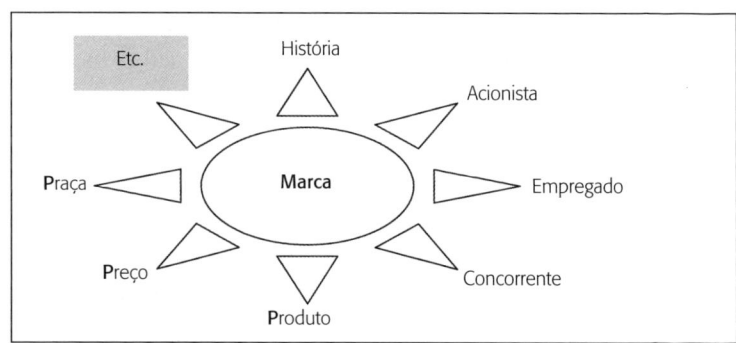

Então, é correto afirmar que a marca constitui o reflexo ou o resultado de todos esses esforços combinados.

A identidade

Alguns aspectos tangíveis, também conhecidos por elementos que compõem a *identidade* de determinada marca, são usualmente explorados para possibilitar o reconhecimento dessa marca. Nesse conjunto da identidade estão símbolos, o conjunto que forma a logomarca (tipologia, desenho, cores e formas), personagens, músicas próprias exclusivamente criadas, aromas especialmente desenvolvidos, entre outros. Veja o exemplo do ator Carlos Moreno, há mais de 20 anos anunciando produtos da família Bombril. Você conseguiria associar esse personagem à venda de qualquer outro produto ou marca? Ou mesmo o Ronald, personagem exclusivo do McDonald's? Até fabricantes de pneus criaram personagens: veja o Bib, da Michelin, símbolo nascido ainda em fins do século XIX.[3]

Considera-se a identidade ideal aquela que pode ser reconhecida sob qualquer circunstância, mesmo que o nome da marca não esteja presente. Feche os olhos e visualize uma garrafa da Coca-Cola – sim, é inconfundível, assim como o perfil da garrafa de vodca Absolut, mote de sua campanha publicitária há mais de 30 anos. Essa marca de vodca estabeleceu, desde o início das operações de exportação, um casamento entre arte e propaganda. De maneira muito objetiva, suas campanhas fazem alusão ao formato de sua garrafa e uma concepção de duas ou três palavras sobre o produto ou seu consumidor, para complementar a mensagem. O primeiro anúncio, *Absolut*

---

[3] Segundo dados do site da Michelin, em: <www.michelin.com.br>. Acesso em: 18 jan. 2010.

perfection,[4] foi veiculado em 1980 e tinha um conceito distinto sobre a redução do teor alcoólico da vodca, o que representou uma novidade na propaganda de bebidas alcoólicas, na época. Desde então, a campanha passou a ser comentada a cada novo anúncio e em cada quarta capa das edições semanais da revista americana *Newsweek*. Além disso, vários anúncios foram criados especificamente para certas revistas segmentadas nas áreas de moda, turismo, *design* e artes.[5]

Se mudarmos o objeto, veremos que nuances da cor vermelha ficaram conhecidas como o "vermelho Valentino", em alusão ao renomado estilista italiano, ou o "vermelho Ferrari", da "máquina", com seu tom único de vermelho. Até o preço do carro nessa cor é maior do que o do mesmo modelo em outra cor. Um último exemplo pode ser o símbolo adotado pela Nike (), batizado com o nome de *swoosh*. Foi idealizado por seu criador para delinear o perfil de um calcanhar de um corredor, em ação.

A imagem

Já os aspectos intangíveis da marca se referem à sua *imagem* e englobam as impressões que ela deixa ao longo do tempo. Sim, estamos falando de reputação, de uma experiência positiva (ou não) havida com a marca, entre outros aspectos que a levam a ser percebida de alguma forma, distinguindo-a das demais. Os aspectos intangíveis são formados pela soma de percepções internas com as percepções externas. Portanto, vemos a importância dos empregados na formação da reputação da marca de

---

[4] "Perfeição absoluta", em tradução livre. Disponível em: <www.absolutads.com/gallery/view.php?letter=a>. Acesso em: 3 abr. 2010.
[5] Para ver toda a série e a história desse produto, visite o site institucional: <www.absolutad.com>.

uma empresa, e também dos ex-empregados. Afinal, a maneira como saíram de uma empresa diz muito sobre a marca.

É claro que a comunicação, quando planejada e trabalhada como processo, visa fortalecer a percepção por diferentes meios e formas. Se a empresa na qual você trabalha ("sua marca") organizar um evento no verão carioca e o ar-condicionado não estiver dimensionado adequadamente, os convidados, com certeza, irão reclamar. Dependendo da importância do fato e do histórico de "sua marca", esse equívoco é o que será lembrado, mesmo com o passar dos anos. E, quando organizar outro evento, pode apostar que boa parte dos seus convidados levará isso em consideração até na hora de escolher as roupas que irá usar.

Neste momento, você deve estar se perguntando se errar uma vez é o suficiente para derrubar a credibilidade de uma marca. A resposta é: depende, pois, nesse aspecto, o histórico da marca é fundamental. Marcas tradicionais e habitualmente percebidas com qualidade e credibilidade dificilmente perderão espaço significativo durante uma crise, mas tudo irá depender da importância da crise e de como a marca em questão foi gerenciada. Veja o exemplo da Nike e a crise mundial causada pela denúncia de exploração de mão de obra infantil na Ásia. As vendas podem ter despencado em alguns países e, em outros, apesar de sua credibilidade e qualidade percebida, talvez tenham demorado mais do que o previsto para recuperar seu mercado. Mas a marca deu a volta por cima e continua vendendo milhões, além de ter seus fãs e seguidores. Outro exemplo: talvez você se lembre de um triste acidente ocorrido em outubro de 1996 com uma companhia aérea na ponte Rio-São Paulo. A empresa em questão, TAM, além de permanecer voando, e com solidez econômico-financeira, ainda ganhou diferentes prêmios no ano de 1997 por seu desempenho no gerenciamento da crise resultante daquele mesmo acidente, que teve mais de 100 vítimas fatais. A empresa recebeu, entre outros, os prêmios de "Melhor Empresa de Transporte no Brasil", da revista *Transporte Moderno*, e "Empresa do Ano", em 1997, da revista *Exame*.[6]

Podemos concluir, assim, que a marca é o somatório de esforços tangíveis (identidade) e intangíveis (imagem) ao longo da história da organização, tanto do ponto de vista externo quanto interno da empresa, que irão contribuir para formar uma *persona* da marca, ou seja, sua imagem pública.

Brand equity

O autor americano David Aaker (1998), pioneiro ao propor a teoria de *brand equity*,[7] percebeu que, muito mais que os ativos tangíveis e físicos (estoques, terrenos etc.), o que diferenciava uma marca da outra era a capacidade de assegurar suas vendas – presentes e futuras – e as respectivas repetições de compra. Logo, o grande diferencial, em sua visão, era a marca como patrimônio intangível. O *brand equity* é um conjunto de ativos de uma marca, que variam ao longo do tempo e de percepção por distintos estratos da sociedade, diferenciando uma marca da outra. Para Aaker, esses ativos podem e devem ser gerenciados adequadamente como conjunto de significados, pois são os responsáveis por proporcionar ao cliente uma experiência positiva para que ele venha a repeti-la, assim gerando recompras. Nessa ótica, Aaker trabalha com dois indicadores: o *share of heart* e o *share of mind*. O primeiro pode ser traduzido livremente como a participação ou fatia emocional da marca, e refere-se aos aspectos emocionais que a compõem. Já o segundo pode ser traduzido como a participação ou fatia que essa marca tem

---

[6] Disponível em: <www.tamexpress.com.br/ste/jsp/default.jhtml?adPagina=459&ad Artigo=2846>. Acesso em: 18 jan. 2010.

[7] *Brand* = marca; *equity* = ativos. Portanto, os ativos da marca, em tradução livre.

na mente do consumidor; lida com os aspectos racionais e filosóficos da marca. Tanto os aspectos racionais e filosóficos da marca quanto os emocionais podem e devem ser trabalhados em conjunto e individualmente, dependendo do momento em que a marca se encontra e dos objetivos pretendidos.

Entre as novidades mais recentes de *branding* estão o *branded entertainment* e o *branding sensorial*. O primeiro visa construir a marca fazendo uso do entretenimento para alvos precisamente segmentados, de modo a ultrapassar as fronteiras da simples relação comercial, envolvendo esses públicos. Reúne, em um mesmo esforço, promoções, propaganda, internet, mídia digital, assessoria de imprensa e o marketing de relacionamento. O Bradesco fez isso com o Second Life, enquanto a Coca-Cola e a Oi exploram bem o conceito nos meios digitais. Vale a pena conhecer de perto esses exemplos, facilmente encontrados no YouTube (www.youtube.com.br). Às vezes, e felizmente, a comunicação interna também é explorada.

Já o *branding* sensorial foi apresentado por Lindstrom (2007),[8] que defende marca como uma experiência que, como tal, precisa explorar os sentidos humanos, entre outros quesitos. Ou seja, uma marca deve trabalhar mais os aspectos emocionais (*share of heart*), explorando audição, visão, olfato, paladar e tato na condição de estímulos sensoriais para seus diferentes públicos. Buscam-se experiências que estimulem os sentidos, como perfumes e odores exclusivamente desenvolvidos para expressar as próprias identidades, como já descrito.

É importante lembrar que o *share of mind* não deve ser confundido com a medida de *top of mind*,[9] indicador usado

---

[8] Também disponível em: <www.brand.com/> ou <www.martinlindstrom.com/>. Acesso em: 3 jul. 2009.
[9] Topo da mente, em tradução livre. Refere-se à primeira marca mais lembrada espontaneamente para determinada categoria.

pela propaganda para medir a lembrança da marca (voltaremos a ele no capítulo 6 – "A paleta de cores primárias"). É aí que a comunicação integrada faz toda a diferença, interferindo na percepção da marca: desde pesquisas para conhecer o que os vários públicos consideram valor para eles, até os meios mais adequados para divulgar suas ideias. Essa percepção de valor poderá, por exemplo, interferir em vários elementos, desde o desenho de produto/serviço até o preço ofertado e os canais em que essa marca se fará presente.

Ética e responsabilidade social

Caro leitor, o que é valor para você? E para os clientes de uma academia de ginástica, por exemplo? Justamente para entendermos o processo de atribuição de valor é que cabe falarmos de conceitos interdisciplinares, tais como a ética e a responsabilidade social, uma vez que eles irão nortear a forma distinta como uma organização se comporta, ou sua conduta.

Não se pode confundir ética com legalidade. Por vezes, uma postura tida como ilegal é ética nos moldes organizacionais de alguns setores. Como exemplo podemos citar os bicheiros. Sua atuação é ilegal, mas eles têm uma ética. Permitem que as pessoas apostem e se utilizem de um simples pedaço de papel como garantia inequívoca para o recebimento de seus prêmios. E efetivamente honram o escrito, pagando o prêmio de imediato. De modo resumido, poderíamos afirmar que a ética é o estudo do bem e do mal. Uma exigência do convívio social, ou seja, o estabelecimento de princípios, regras e valores que devem regular a ação humana, visando a sua harmonia. Do latim, temos a máxima *alteram non laedere, honesta vivere e suam cuique tribuere*, ou seja, em uma livre tradução ética seria a não lesão a outrem, viver honestamente e dar a cada um o que é seu. E a comunicação deve espelhar esse conjunto, uma vez que suas diversas ferramentas são habitualmente utilizadas para estimular as vendas de produtos ou serviços, entre outros fins.

Um caso de falta de ética no marketing[10] é o ocorrido na década de 1970, em que a Volkswagen e a Fiat acirraram uma batalha, tendo sido o fato considerado um exemplo do que significa atuar sem ética alguma – neste caso, supostamente por parte da Fiat. Na ocasião, a Fiat teria comprado algumas unidades de determinado carro lançado pela Volkswagen e as distribuiu nas principais estradas do Brasil, posicionando-as sempre em acostamentos com algum problema, capô aberto, pneu furado etc. Isso levava os passageiros de veículos que transitavam nessas rodovias a achar que esse modelo específico da VW apresentava muitos defeitos, afetando a percepção da marca negativamente e, por conseguinte, levando-os a não comprá-lo. Não ficou comprovado se, efetivamente, foi a Fiat a responsável pela ação. Entretanto, a intenção foi alcançada: a imagem da Volkswagen, naquele momento, foi afetada.

Nos dias atuais, uma discussão ética frequente na comunicação é a restrição sobre a propaganda de produtos para crianças. Alguns apelos publicitários poderiam ser considerados aéticos, como "peça para a sua mãe comprar isso" ou, ainda, aqueles que transmitem a ideia de que a criança ficará mais inteligente ou mais forte ao consumir determinado produto/marca. Isso sem falar nos questionamentos que envolvem tanto a indústria de cigarros quanto a de bebidas alcoólicas. A cerveja Budweiser, da InBev-Anheuser-Bush, foi uma das patrocinadoras da Copa do Mundo de 2010 e vem se mantendo parceira da Fifa há muitas Copas. A pergunta que fazemos é: pode ser considerado ético que marcas de bebidas alcoólicas patrocinem

---

[10] Disponível em: <http://joaoanele.spaceblog.com.br/156248/Etica-no-marketing/>. Acesso em: 6 abr. 2010.

esportes e/ou atletas? Há países em que isso é legal; em outros – caso do Brasil –, não é permitido. Como a Fifa procederá na Copa de 2014? Boa pergunta! Ainda está sendo discutido, mas o provável é que esse fabricante assine seu patrocínio com a marca de seu guaraná.

Responsabilidade corporativa

Outra questão intrinsecamente relacionada à ética é a responsabilidade corporativa, ou responsabilidade social das empresas (RSE). Resumidamente, pode-se dizer que tal responsabilidade traduz-se nas atividades das empresas vinculadas aos temas socioambientais, que podem ir desde o treinamento que as empresas custeiam para seus empregados e, por vezes, familiares, até a construção de um ginásio poliesportivo para a comunidade em seu entorno. No fundo, estamos falando de iniciativas que, antes, caberiam ao governo e que vêm sendo feitas pelas empresas como forma de atrair e reter talentos, bem como de melhorar seu relacionamento com os diferentes grupos de interesses. Há empresas que efetivamente acreditam na responsabilidade social e em seu papel na condição de catalisadores de transformação socioambiental, e, assim, atuam proativamente. Não esperam por exigências legais; tampouco consideram esses esforços como gastos. Ao contrário, abrem espaço para iniciativas que vão do trabalho voluntário em horário comercial às pesquisas de opinião nas comunidades. Acreditam, por exemplo, que um bom diálogo com as comunidades em seu entorno é fundamental para o presente e o futuro de seu negócio, e realmente constroem esse caminho. Não por acaso, costumam ser empresas admiradas e seus empregados parecem gostar de trabalhar nelas. Antigamente o comportamento das empresas costumava estar majoritariamente centrado nas ações de filantropia empresarial, enquanto hoje existe uma nova atitude: a parceria. Segundo Oded Grajew, diretor-presidente do Instituto Ethos,

> o conceito de responsabilidade social está se ampliando, passando da filantropia, que é a relação socialmente compromissada da empresa com a comunidade, para abranger todas as relações da empresa: com seus funcionários, clientes, fornecedores, acionistas, concorrentes, meio ambiente e organizações públicas e estatais [apud Melo Neto e Fróes, 1999:45].

Por outro lado, há empresas que se dizem socialmente responsáveis, mas, ao aprofundarmos nossa análise, percebemos que algumas de suas iniciativas são para "ficar bem na foto". Até apoiam ou patrocinam determinadas ações, eventualmente, para se beneficiar de algum incentivo fiscal. São vários os casos em que empresas demonstraram franca irresponsabilidade frente à sociedade: laboratórios que fabricam pílulas anticoncepcionais de farinha; montadoras de carros que não demonstram preocupação com os itens básicos de segurança; fábricas que exploram os recursos naturais indiscriminadamente e só se preocupam em repô-los diante de intimações ou querelas judiciais; empresas que disponibilizam serviços de atendimento ao cliente apenas para cumprir exigência legal, mas que não o utilizam, efetivamente, em toda a sua extensão – e ficamos todos ouvindo musiquinha...

O fato é que a maioria das empresas está mudando de atitude, seja por pressão dos clientes/fornecedores, imposição legal ou por exigência do próprio mercado consumidor. Este, aliás, vem se preocupando de modo crescente com aspectos vinculados à responsabilidade social e tomando atitudes mais incisivas, como falar mal publicamente e usar redes sociais para denunciar abusos ou descasos.

E como um leigo pode perceber todos esses componentes, na prática?

Posicionamento

De uma forma simplista, é preciso estar atento às diferentes mensagens que uma marca transmite. E, ao se reunir mais de uma fonte de informações – um anúncio de jornal, por exemplo, chamando para um *recall* de peça defeituosa, mais a forma (educada, menos treinada etc.) como a telefonista nos atende ao contatarmos o número divulgado –, pode-se começar a tecer uma ideia a respeito dessa marca. Mas quando esses elementos são estrategicamente trabalhados, estamos falando de posicionamento – tanto de mercado quanto de comunicação.

A diferenciação entre os termos pode ser mais bem-observada no exercício a seguir. Pense no que vem a ser uma loja de conveniência. Independentemente de sua bandeira (marca), deverá ela ter características inerentes ao seu escopo de atuação. Como o próprio nome já diz, qualquer dessas lojas precisa estar geograficamente em um ponto concorrido, deve funcionar em horários flexíveis (idealmente 24 horas por dia, 365 dias por ano) e oferecer um portfólio de produtos variados, desde os tidos como essenciais aos que suprem as compras por impulso, como chocolates. Até pelo conjunto de atributos inerentes ao negócio "loja de conveniência", a tendência é que seus preços sejam bem maiores do que em um supermercado comum. Portanto, com pouca diversidade de oferta, as marcas ali expostas tendem a ser consideradas as melhores em suas categorias e segmentos de atuação. Perguntamos: cabe oferecer um papel higiênico do tipo "lixa 4" em uma loja de conveniência? É uma questão de coerência e consistência entre todas as variáveis que envolvem o negócio, o produto e a marca.

Porter (1986) introduziu, ainda em 1980, o conceito de posicionamento como diferencial para uma organização obter vantagem competitiva no mercado em que atua, sendo reconhecida e associada a essa vantagem. Na prática, caberia à empresa escolher seu próprio posicionamento, de acordo com seus valores, missão e visão. Uma empresa poderia estar posicionada como inovadora (a 3M, por exemplo),[11] e toda a sua atuação – da criação do produto à própria forma de fazer comunicação – deveria acompanhar esse conceito. Boa parte de seus empregados é estimulada continuamente a inovar em todas as áreas, recebendo bônus e reconhecimento por suas ideias. Ou seja, o posicionamento de mercado precisa orientar todas as ações e atividades da organização. Portanto, em nosso exemplo da loja de conveniência, não cabe incluir, no portfólio de produtos, marcas baratas ou mesmo genéricas.

Dicas:

a) Como escrever um posicionamento? Costuma ser um parágrafo de algumas linhas, que fornece as seguintes informações:
- ❏ o que é o produto/serviço – cabe explicar e descrever do que se trata, definir; informar que benefícios ou diferenciais únicos tem (eventualmente, até patentes), para o que serve, onde pode ser encontrado, entre outras características;
- ❏ como pretende ser percebido – tanto interna quanto externamente. Sim, estamos falando de imagem;
- ❏ para quem é – aqui cabe segmentar integralmente o público-alvo a quem se destina o produto/serviço.

---

[11] Disponível em: <http://solutions.3m.com.br/wps/portal/3M/pt_BR/WW2/Country/?WT.mc_id=www.3m.com.br>. Acesso em: 18 mar. 2010.

b) Atenção – o posicionamento de mercado é, obrigatoriamente, escrito pelo "pai" do negócio: pode ser o presidente da empresa, seu diretor ou um gerente. Isso porque é a alma do negócio; não pode ser delegado a quem não tenha poder de decisão. Ele irá nortear todas as atividades e a forma de fazer negócios.

Mas e o posicionamento de comunicação, onde fica? Al Ries e Trout (1996) formulam uma teoria que visa interferir na mente do consumidor, isto é, no modo como o consumidor percebe determinada marca/produto ou serviço. Na ótica deles, a mente humana é compartimentada em diferentes "gavetinhas", onde só há espaço para uma marca por segmento de atuação e o respectivo atributo ocuparem, em posição de liderança, cada uma delas. Imagine a categoria "lâminas de barbear". Agora pense qual marca ocupa sua mente se o atributo for "a melhor". Agora evolua para outro segmento, o de lâmina de barbear "descartável". Viu? O "descartável" é o novo atributo e, decerto, a marca na qual você pensou agora é outra, diferente da "melhor".

Resumindo: o posicionamento de comunicação é uma técnica que procura dar uma identidade única e exclusiva a um produto, a um serviço, ou mesmo institucionalmente, a uma empresa, e é também conhecido como USP – *unique selling proposition* ou proposta única de vendas. Trata-se de estabelecer uma posição diferenciada perante o público-alvo, com o objetivo de propiciar uma percepção positiva para a compra daquele produto ou serviço. Considerando a quantidade de informações e mensagens publicitárias que recebemos todos os dias, estabelecer um posicionamento é uma tarefa desafiadora. Significa que determinada marca quer ocupar a mente do consumidor para determinado atributo único e exclusivo, sendo lembrada por esse benefício ou diferencial e, assim, distinguindo-se de seus concorrentes. Naturalmente, a comunicação como um todo irá acompanhar esse mesmo conceito.

Dicas:

a) Diferentemente do posicionamento mercadológico, o de comunicação costuma ser apresentado pela agência que atende à empresa, ou por uma consultoria externa, ainda que não obrigatoriamente.
b) É uma única palavra o que resume a forma como determinada marca pretende ser percebida, diferentemente do *slogan* ou assinatura de uma marca.
c) Costuma ser o conceito norteador de toda a linha de comunicação da empresa por vários anos – hoje este tempo está em cerca de sete, oito anos, quando, então, as marcas se reposicionam.
d) Pesquisas são fundamentais. Não economize, sob pena de sua marca ser malcompreendida e malpercebida, abrindo espaço para marcas concorrentes na mente dos consumidores!

Neste capítulo estudamos conceitos fundamentais para a compreensão de como fazer a comunicação estratégica de marketing. Foram analisados os conceitos de marca, identidade, imagem, *brand equity*, ética e responsabilidade social, responsabilidade corporativa e posicionamento. Em relação a este, destacamos a importância das pesquisas; falaremos mais sobre elas no próximo capítulo.

3

Conversas paralelas

Agora que já abordamos o conjunto de conceitos e teorias fundamentais para futuras estratégias de comunicação em marketing, vejamos assuntos complementares, que funcionam como pano de fundo para a própria comunicação e suas diferentes ferramentas.

Hoje em dia, especialmente com a velocidade da tecnologia e, sobretudo, com a exposição cada vez maior às informações e, consequentemente, às várias formas de comunicação, a escolha de uma marca se torna extremamente competitiva. Conhecer alguns dos mecanismos do processo decisório na mente do consumidor é essencial para desenvolver estratégias de marketing e comunicação, no sentido de atender às necessidades e desejos do público-alvo daquele produto ou serviço. É comum verificarmos que há, nas organizações, gestores que consideram a política de preço o fator preponderante para a decisão de compra de um produto ou serviço. Eles acabam por desconsiderar outras variáveis fundamentais para a escolha do consumidor, tais como fatores de ordem social, econômica, psicológica ou cultural, entre tantos outros assuntos que influenciam o comportamento do consumidor em suas escolhas. A seguir abordaremos outras teorias e assuntos que costumam ser considerados – ou deveriam – e que complementam o essencial tratado até aqui.

Teoria das Necessidades Humanas

O psicólogo americano Abraham Maslow formulou a Teoria das Necessidades Humanas, agrupando-as em cinco grandes categorias. O indivíduo só migra de uma categoria para outra quando vê aquele conjunto de necessidades devidamente satisfeitas. Isso porque, em sua ótica, somente com todas essas necessidades saciadas é que é possível a realização pessoal, ou seja, o que se pode chamar de felicidade do indivíduo. Os estudos de marketing se apropriaram da Teoria de Maslow para identificar como o indivíduo é influenciado por suas necessidades em relação aos seus referenciais de consumo. Vejamos, a seguir, uma descrição sucinta de cada uma dessas categorias.

a) *Necessidades fisiológicas*: são as necessidades básicas de sobrevivência, e dizem respeito às necessidades biológicas dos indivíduos, como a fome, a sede, o sono e o sexo. Veja a importância desta categoria, não por acaso a base da pirâmide, na visão de seu próprio autor:

> Se todas as necessidades estão insatisfeitas e o organismo é dominado pelas necessidades fisiológicas, quaisquer outras poderão tornar-se inexistentes ou latentes. Podemos então caracterizar o organismo como simplesmente faminto, pois a consciência fica quase inteiramente dominada pela fome. Todas as capacidades do organismo servirão para satisfazer a fome [Maslow, 1975:342].

b) *Necessidades de segurança*: aqui encontramos as necessidades de abrigo, proteção da família e dos entes queridos. Nessa busca de segurança encontramos, também, a religião e as crenças de um modo geral. Do ponto de vista mercadológico, é no estímulo dessa necessidade que muitas instituições financeiras, corretoras e seguradoras trabalham, oferecendo produtos como planos assistenciais, promessas de estabilidade financeira, entre outros. Outro exemplo é a comunicação de produtos que contenham propriedades benéficas para a saúde, como leite enriquecido com vitamina D, margarinas que não fazem mal ao coração etc.

c) *Necessidades sociais*: diretamente relacionadas ao afeto das outras pessoas por quem temos consideração, com prioridade para o par direto, a família e os amigos. Neste grupo devemos considerar sentimentos como o amor, a afeição e a aceitação no grupo social do qual fazemos parte, já que estas também são conhecidas como *necessidades de pertencimento*. Na verdade, trata-se da aceitação da pessoa pela sociedade. Em comunicação é comum vermos essas necessidades sendo utilizadas em comerciais de refrigerantes, cervejas e bebidas alcoólicas. Também são muito exploradas na propaganda de moda.

d) *Necessidades de autoestima*: estas estão diretamente relacionadas com a forma pelas quais as pessoas veem a si próprias. Referem-se também à busca do reconhecimento e, no campo profissional, ao desejo de ser visto como uma pessoa competente naquilo que faz. Na propaganda é comum ver essas necessidades sendo aguçadas pelos produtos mais sofisticados e que realçam a satisfação pessoal de sentir um prazer individual no seu consumo, como campanhas de chocolates finos, perfumes e produtos de beleza, para citar alguns.

e) *Necessidades de autorrealização*: chega-se ao topo das categorias de Maslow quando as necessidades anteriores já estiverem satisfeitas. Aqui encontramos os desejos de saber, de compreender, além da valorização do que é estético. Diferentemente das outras necessidades, não existe a plena satisfação destas, já que o ser humano sempre deseja mais.

Destinos turísticos, joias e algumas marcas de automóveis se enquadram neste grupo.

Cabe ao profissional de marketing e de comunicação analisar os aspectos motivacionais do público-alvo pretendido, e assim direcionar os esforços e verbas de comunicação, visando aguçar uma ou mais necessidades do consumidor. Afinal, qualquer que seja o instrumento de comunicação, se não estiver, em sua essência, estimulando uma necessidade humana, deixará de cumprir um de seus objetivos fundamentais.

Para que se possa atrelar o conhecimento das necessidades humanas à estratégia de comunicação em marketing, primeiro é preciso conhecer bem o produto e a fase em que se encontra, e isso se dá, inicialmente, pela identificação de seu ciclo de vida.

O ciclo de vida

Usar a comunicação para ressaltar determinadas características de uma marca ou induzir à satisfação de um conjunto de necessidades e expectativas exige que ela esteja pronta para entregar aquilo que se propôs a destacar. Assim, antes de definir determinado conjunto de estratégias e ações táticas de comunicação, é preciso considerar em que estágio a marca – seja da empresa, do produto e/ou do serviço – se encontra. Estamos falando do ciclo de vida, teoria adaptada ao marketing por Levitt (1990). O modelo parte da premissa de que é possível prever o comportamento que os produtos ou serviços podem ter em relação às vendas. Resumidamente, descreveremos os quatro estágios envolvidos, e como os consumidores devem ser abordados em cada um.

Um produto passa por quatro grandes fases, a saber: Introdução, Crescimento, Maturidade e Declínio. Dependendo do porte da organização, de seus recursos humanos, materiais, financeiros, tecnológicos e de processos, o grau de complexidade se amplia.

A fase de Introdução (ou Lançamento) é a que demanda, habitualmente, maior dispêndio, uma vez que congrega também as etapas de desenvolvimento do produto/serviço e do lançamento propriamente dito para os diferentes públicos. Há autores que consideram a fase de pesquisa e desenvolvimento uma etapa à parte, assim como a entrada no mercado. Ocorre quando a marca não é conhecida ou sequer existe, quando há os desembolsos feitos para criar e desenvolver a empresa e seu produto/serviço, além de treinar as equipes, desenvolver materiais de comunicação, entre outras necessidades. Nesta fase é preciso obter espaço para as vendas (distribuição e logística), além de comunicar e difundir a existência dessa mesma marca para, assim, obter sua exposição, visibilidade e clientes. Logo, tudo é novo para todos. Este é o momento de posicionar claramente a marca, buscando estabelecer uma identidade e imagem claras, para que ela se torne conhecida e desperte interesse em sua experimentação e aproximação com seus valores. Logo, considere mágicas as palavras a seguir, pois elas devem nortear todos os esforços de comunicação: INTRODUZIR, INFORMAR, DIFERENCIAR, EXPERIMENTAR e TORNAR CONHECIDA. São estratégias complementares, que dependem da conjugação de uma série de fatores, a exemplo da própria disponibilidade de verba. Se o mercado não sabe para que serve o serviço que você oferece, precisará ser devidamente informado, conhecendo os principais diferenciais, para que possa experimentá-lo.

A fase de Crescimento mostra que sua marca está ganhando espaço e terreno, e talvez seus concorrentes, se ainda não existem, comecem a surgir. Caso o produto/serviço tenha sido inovador quando de seu lançamento, agora já poderá estar sendo copiado ou adaptado. Presume-se que sua marca se tornou mais conhecida, está obtendo ganhos de escala e, por conseguinte, redução de seus custos; ao que tudo indica, está sendo bem-sucedida. Portanto, é a fase de continuar crescendo e se protegendo da concorrência. Buscar fortalecer os *shares of heart* e *mind* será uma boa estratégia, de modo a assegurar a qualidade da imagem e a identidade dessa marca. Nesta fase, as palavras mágicas devem ser: SUSTENTAR (a imagem e os benefícios do produto/serviço); CONQUISTAR (novos territórios, clientes e mais distribuição); DIFERENCIAR (tanto a marca quanto o produto ou serviço, buscando adicionar valor, especialmente frente à concorrência); e EXPERIMENTAR (nas novas praças). No que tange a promoções, não é hora de oferecer descontos, mas de ganhar mais espaço e ampliar a penetração (distribuição e logística), o conhecimento de marca e de adicionar-lhe valor. Ou seja, estabelecer a diferenciação do seu produto ou marca para obter a preferência do consumidor. Levar os clientes a recomprar o produto parece ser a estratégia a ser seguida nesta fase, e isso naturalmente poderá limitar a ação dos concorrentes, dependendo do que você oferecer. "A paleta de cores primárias" (capítulo 6) irá oferecer várias oportunidades para ativar esse envolvimento, prendendo, assim, a atenção e a preferência do consumidor.

Já na Maturidade, você e sua marca merecem, no mínimo, parabéns. Afinal, houve aceitação pelos diferentes públicos-alvo e os lucros parecem crescentes, sobretudo com o ganho de escala. É hora de expandir ainda mais sua marca, buscando sustentação, ampliando sua diferenciação e atraindo novos consumidores. Falamos de recompra, mais espaços e novos mercados, novos públicos e, quem sabe, novos usos para os mesmos produtos/serviços. Às palavras mágicas assinaladas, acrescente ainda: DEFENDER (sua marca da concorrência) e MANTER (todos os benefícios e *shares* já conquistados). Continue trabalhando para FORTALECER A DIFERENCIAÇÃO. Por outro lado, a esta altura você já terá recebido diversas informações sobre o que precisa e pode melhorar, desde a embalagem à própria formatação do produto, entre outros. Esta fase já permite mexermos, também, na variável *preço*, uma vez que a marca já é conhecida e, certamente, há concorrentes. É hora de buscar, na criatividade, o apoio para redespertar o interesse pelo produto ou serviço, com os mais diversos tipos de promoções. É o caso dos vários concursos de receitas, quando um ingrediente passa a ser explorado de maneiras as mais surpreendentes possíveis, ou dos brindes pela fidelização de longo prazo, como álbuns de figurinhas e coleções de utensílios, por exemplo.

Declínio é a fase que temíamos. Ela exige decisões difíceis e, principalmente, informações precisas. Isso porque o fato de as vendas estarem estagnadas ou declinantes não assegura que a empresa/marca esteja, de fato, neste estágio. É preciso investigar o que está ocorrendo, fazer uso de pesquisas, analisar os resultados dos quatro Ps. Caso não haja problemas com as variáveis *produto*, *preço* e *praça*, então é preciso aprofundar as pesquisas no tocante à comunicação. Aí, as opções poderão ser o REPOSICIONAMENTO[12] da marca, deixar a marca morrer, SUBSTITUIR essa marca rapidamente ou simplesmente SAIR do mercado, optando por "matar a marca". As palavras mágicas grifadas mostram que, nesta fase, praticamente não se deve investir na marca, e deve-se retirá-la aos poucos do mercado. Uma das marcas mais reconhecidas neste caso específico é a Gillette, que habilmente faz novos lançamentos de produtos e deixa os antigos irem "morrendo". Já a Coca-Cola opta por reposicionar sua marca, mas não há regra específica. O que vale são informações profundas e consistentes, para que se possa tomar a decisão mais adequada. Há exceções, claro. O produto *ovo* já foi, durante anos, o vilão do colesterol. Há pouco tempo estudos científicos o reposicionaram para o papel de mocinho. Portanto, vendas declinantes hoje não significam que você não

---

[12] Saiba mais sobre reposicionamento no item "A hora da pesquisa", a seguir.

possa reverter o quadro, mas isso irá depender dos motivos reais para termos chegado até este ponto.

De todos os modos, o estágio de Declínio não é exatamente o período recomendado para investimentos de porte, sobretudo em comunicação, exceto se o produto/serviço estiver no início da curva declinante, e a empresa estiver certa do sucesso dele e da possibilidade de reverter o processo.

Justamente para amparar essas e outras dúvidas é que uma empresa deve investir em pesquisas. Há várias modalidades, e todas envolvem esforços – de tempo, pessoas, processos e/ou verba.

A hora da pesquisa

Pesquisas podem ser quantitativas, quando se propõem a mensurar, por exemplo, a expectativa de volume de vendas possíveis em determinado mercado ou mesmo eleitores em épocas de eleições, ou qualitativas, quando avaliam os porquês de determinadas ações, atitudes, comportamentos, opiniões, entre outros aspectos. Podem ainda ser internas, como quando uma empresa decide avaliar seu clima interno, ou externas, como uma pesquisa de satisfação. Tudo irá depender dos objetivos pretendidos, dos prazos disponíveis e da verba existente. Mais do que isso: arriscamos dizer que há, implícito, um aspecto cultural. Afora as instituições de ensino, que norteiam suas atividades prioritariamente por pesquisas, os empresários brasileiros, em sua maioria, tendem a achar que a pesquisa é cara ou é só para empresas de grande porte e, com isso, justificam não fazê-la. Se olharmos apenas para o desembolso financeiro, talvez pareça caro, mas, em compensação, a inteligência encontrada decerto fará muita diferença na vida de uma marca, evitando, sobretudo, retrabalho devido ao excesso de "achismos". Por outro lado, com a internet há muitas novas ferramentas de pesquisa de baixo ou nenhum custo. Basta dar uma olhada no Google e em todas as ferramentas que ele oferece para acompanhar e monitorar sua marca, e também a dos concorrentes...

Pesquisas podem ser obtidas por meio de fontes primárias ou secundárias. As primárias referem-se às pesquisas especialmente desenhadas e conduzidas a pedido do cliente, atendendo a seus objetivos. Já as secundárias referem-se às informações coletadas por diferentes instituições para outros fins, a exemplo do Censo formulado pelo IBGE. Sua finalidade é amparar o governo na formulação e execução de suas políticas públicas. Entretanto, na comunicação integrada, muitas dessas informações são aproveitadas.

Pesquisas podem acompanhar cada estágio do ciclo de vida, podem funcionar independentemente, podem ajudar a compreender e mensurar como determinado estrato de público percebe determinado problema, produto, marca. Enfim, são muitas as oportunidades.

Um exemplo vindo de empresas de grande porte são as indústrias que precisam de licença ambiental para sua instalação e posterior operação. Elas são obrigadas, por lei, a promover audiências públicas a fim de ouvir o que os diferentes moradores da região percebem sobre o futuro empreendimento. As empresas que vivenciam esse processo habitualmente – como as grandes construtoras ou empresas de petróleo e gás – e têm a cultura da pesquisa irão contratar empresas especializadas para fazer esse meio de campo antes das audiências públicas. Aí, de posse das informações, poderão se preparar melhor para enfrentar as audiências e evitar surpresas desagradáveis, que vão desde a contratação de especialistas para responder aos questionamentos até a revisão do projeto, se o Ibama assim o determinar.

Empresas de qualquer porte podem promover desde pesquisas das fontes secundárias até a formulação de pesquisas primárias com sua base de clientes, fornecedores, empregados e parceiros. Hoje usa-se qualquer plataforma de comunicação para pesquisar: caixas de sugestões, telefones celulares, *palms*, *hotsites* especialmente montados para esse fim, linhas de telefone dedicadas à pesquisa proativa, a própria internet e as redes sociais, apenas para citar algumas.

Imagine que você queira abrir uma academia de ginástica (exemplo que irá permear todo este livro, nos diferentes capítulos). Caso não tenha verba para contratar uma empresa especializada, mas, ainda assim, queira arriscar uma pequena pesquisa "caseira", poderá começar caminhando pela região onde pretende instalá-la. Veja se há outras academias no bairro, que tipo de comércio existe, se há escolas por perto. Afinal, seriam fontes prováveis para obter os primeiros clientes. Se quiser sofisticar um pouco sua pesquisa, que tal ir à associação de moradores do bairro, ou mesmo à associação comercial de sua cidade, buscar informações sobre faixas de renda e número de moradores? Ainda que esteja longe de ser o ideal, já é um começo para abrir seu negócio. Tem dúvidas sobre que nome dar ao estabelecimento? Por que não promove uma pesquisa com seu grupo de amigos? Enfim, são pequenos exemplos de como esta ferramenta poderá auxiliá-lo, lembrando, ainda, que há pesquisas que trazem informações tanto quantitativas quanto qualitativas em relação ao mesmo esforço. A título de ilustração, observe um serviço de atendimento ao consumidor (SAC). Como você o utiliza? Só para reclamar? Dá sugestões? Se estiver na outra ponta, recebendo as informações, poderá analisá-las detidamente e descobrir, por exemplo, que a tampa de sua embalagem deixa o xampu vazar durante viagens. Essa informação poderá lhe ser útil no redesenho de uma, e assim deixar seus clientes mais satisfeitos.

Vejamos, no quadro 1, algumas modalidades de pesquisas habitualmente usadas nas principais fases do ciclo de vida, mas que não esgotam o tema, dada sua complexidade e abrangência.

Quadro 1
LANÇAMENTO

Tipo	Principais objetivos	Características	Exemplos
Potencial de consumo	Avaliar o potencial de demanda para determinado produto ou serviço	Mede o interesse e o desejo do consumidor diante de uma nova oferta no mercado. Associa a informação a dados sociodemográficos de um público-alvo	Avaliar o potencial de consumo para a instalação de um shopping center na cidade de Búzios
		Na maioria dos casos, essa avaliação é feita pelos profissionais de marketing para identificar oportunidades de mercado	Identificar sabores de refrigerantes comercializados em outros países do mundo para testá-los junto ao consumidor brasileiro
Conceito de produto ou serviço	Avaliar a aceitação de um novo conceito de um produto ou serviço dentro de um segmento de consumo	Mede como o consumidor reage diante de uma novidade, especialmente a intenção de compra do novo conceito. Geralmente é testado comparativamente de forma quantitativa. Entretanto, também são comuns as avaliações qualitativas	Verificar a aceitação do seguinte conceito: uma grande indústria de refrigerantes vai lançar um produto com sabor de abacaxi. Será vendido em *long neck* e terá uma versão Zero
Posicionamento	Verificar como um posicionamento (preço, distribuição, público-alvo etc.) é aceito pelo público-alvo	Determina como uma marca pode se posicionar no mercado diante dos seus concorrentes. O método quantitativo é o mais utilizado	Uma nova loja de calçados só venderá calçados masculinos e femininos com números superiores a 42

Já na fase de Crescimento, é preciso conhecer melhor de que modo a marca em questão pode conquistar ainda mais terreno, sendo ainda mais bem-aceita. Muitas marcas começam a fazer propaganda nesta fase. Veja no quadro 2 alguns tipos de pesquisas.

Quadro 2
CRESCIMENTO

Tipo	Principais objetivos	Características	Exemplos
Aceitação total da marca	Avaliar, antes do Teste de Mercado, se o *conjunto do mix* que foi desenvolvido para aquele produto está adequado ao mercado	Pesquisa quantitativa que expõe ao consumidor de uma só vez o produto final (fórmula, nome, embalagem e propaganda) e investiga se tudo está em sintonia com o público-alvo	O consumidor recebe uma garrafa da água mineral H_2O, experimenta o produto e assiste ao seu comercial ao mesmo tempo e responde a um questionário estruturado
Propaganda	Analisar se a comunicação proposta pela agência de propaganda é entendida e se o comercial/anúncio gera intenção de compra	Esta pesquisa, conhecida como pré-teste de propaganda, é medida, na maioria das vezes, de forma qualitativa, através de um esboço do comercial para TV, denominado *animatic* (*layout* do comercial)	Avaliar se as donas de casa mantêm a empatia com o Garoto da Bombril

Na etapa da Maturidade podem-se repetir algumas das pesquisas anteriores, sobretudo a de posicionamento. Isto porque esse pode ser um bom momento para dar uma refrescada na marca, por meio de um reposicionamento. Trata-se de oportunidade de mudar a imagem e identidade de um produto (ou marca) diante de seus concorrentes, após ter sido detectado que a marca em questão estava sendo erroneamente percebida. Às vezes a marca está sendo corretamente percebida, mas parece estar ficando "velha". Aí o reposicionamento funciona como forma de refrescá-la e rejuvenescê-la, especialmente quando não há novidades na formulação do produto para serem comunicadas. É o caso da Coca-Cola, com sua fórmula tradicional, mas que está continuamente buscando formas de se manter jovem e em ação contínua na mente dos consumidores. Verdade que não se deve reposicionar a qualquer momento, mas em circunstâncias específicas, e sempre com o amparo de pesquisa. Na

Maturidade são muito comuns, ainda, a troca de embalagens (mexer no *design*) ou mesmo a extensão de linha. Veja o caso do Leite Moça: o produto (leite condensado) não muda há anos, mas surgiram novos usos e novas embalagens de apresentação. Do produto Moça Fiesta, para recheios e coberturas, ao cereal matinal Moça Flakes, passando ainda pelo sorvete ou pela barra de chocolate. Todos da mesma família Moça, e, provavelmente, esses novos usos foram descobertos por meio de pesquisas com os consumidores finais.

Quanto ao Declínio, não é praxe fazer muitos investimentos nessa etapa, exceto quando tais esforços estão diluídos em outras pesquisas.

Muitos dos diferentes tipos de pesquisas podem ser usados em mais de uma fase do ciclo. O importante é buscar construir um histórico para o tipo de pesquisa escolhido, de modo a acompanhar os diferentes aspectos que estão sendo pesquisados ao longo do tempo e da história da marca. Por exemplo: se você pretende realizar uma pesquisa de imagem para acompanhar sua marca, seria interessante que boa parte das perguntas fosse repetida a cada dois anos, como média, a não ser que haja algum fato relevante que precise ser acompanhado e avaliado mais de perto. Veja o caso do time do Flamengo, com os episódios sucessivos que começaram com as diferentes fotos envolvendo o jogador Adriano e culminaram com um assassinato atribuído ao goleiro Bruno, fato ainda sendo investigado. Seria o caso de fazer uma pesquisa para averiguar se houve algum tipo de interferência ou arranhão na marca do time. Depois de tomadas as providências práticas e administrada a crise, seria recomendável contratar novas pesquisas para acompanhar a eficácia das ações e como a imagem do time vem se comportando para além das vendas de seus produtos.

Dicas:

a) Contrate profissionais para conduzir e lhe ajudar com as diferentes modalidades de pesquisas disponíveis, buscando a(s) mais adequada(s) para seu caso. É comum vermos pesquisas internas, sobretudo, sendo conduzidas por profissionais da casa. Nem todos se sentem à vontade para responder com verdade ou mesmo têm certeza de que os resultados permanecerão em sigilo, não serão manipulados etc.

b) Lembre-se de que há pesquisas quantitativas e qualitativas. O cruzamento de ambos os tipos de informações enriquece e ampara melhor as estratégias e ações de comunicação.

Este capítulo abordou conhecimentos que se fazem necessários para que você possa seguir com a leitura deste livro. Foram conceitos organizados para que opere melhor com o "modo de fazer", usando todos os ingredientes listados e analisados até aqui. A seguir, veremos de que maneira todo esse conjunto de informações é usado na prática, de modo estruturado. Então, mãos à obra!

4

Ligando os pontos

Agora, que alguns conceitos importantes já foram apresentados, podemos descrever, neste capítulo, as principais etapas envolvidas em um planejamento estratégico de comunicação (PEC), lembrando que ele não precisa ser extenso para ser completo. Tudo irá depender do porte da organização, da necessidade, da profundidade desejada e do quanto você já conhece a empresa e/ou o mercado. Veja o que diz Sun Tzu (2008:75):

> Aquele que conhece o inimigo e a si mesmo, ainda que enfrente cem batalhas, jamais correrá perigo. Aquele que não conhece o inimigo, mas conhece a si mesmo, às vezes ganha, às vezes perde. Aquele que não conhece nem o inimigo nem a si mesmo está fadado ao fracasso e correrá perigo em todas as batalhas.

O diagnóstico

Esta primeira etapa compreende um conjunto de informações e dados que explicam o que motivou a criação da empresa e seus produtos e serviços, sua forma de fazer negócios, seus valores e crenças, os públicos com quem a empresa habitualmente trabalha ou aos quais dirige seus esforços. Envolve pesquisas as mais diversas, uma análise crítica dos macro e microambientes, o cenário econômico, a percepção da marca, o clima interno da organização, entre tantos outros aspectos que devem ser verificados.

Busca-se compreender, em profundidade, o momento atual da empresa em questão frente às oportunidades para a comunicação. É a hora de reunir, portanto, o maior número possível de informações, para que se possa proceder a uma correta avaliação das necessidades e reais possibilidades de a companhia atingir os objetivos pretendidos. Este é o momento da montagem do cenário atual da marca, para preparar a empresa para seu futuro novo cenário. São analisados, ainda, o(s) setor(es) de atuação de determinada organização, a concorrência (se existir), os pontos fortes e fracos, as ameaças e oportunidades presentes e futuras.

Uma das primeiras etapas nesse cenário consiste no uso de uma metodologia de análise, a fim de melhor realizar escolhas, como a análise Swot.

A análise Swot

A chamada análise Swot,[13] no original em inglês, corresponde a Fofa, em português, iniciais de *forças, oportunidades, fraquezas e ameaças*. Esta metodologia, desenvolvida pelos professores Kenneth Andrews e Roland Christensen, da Harvard Business School, divide a leitura de cenários ou o agrupamento de informações em dois grandes conjuntos: o ambiente interno (da organização) e o externo (do mercado).

---

[13] Swot: composto pelas iniciais de *strengths* (forças), *weaknesses* (fraquezas), *opportunities* (oportunidades) e *threats* (ameaças).

No primeiro – forças ou pontos fortes – buscam-se informações relativas aos pontos fortes e fracos da organização em questão, que vão desde um clima interno positivo até distribuição de produtos e serviços de forma ágil, eficiente e o mais econômica possível, por exemplo. São estudados, ainda, os aspectos positivos do portfólio de produtos/serviços, da marca, dos preços praticados, dos aspectos logísticos, da comunicação integrada, de processos, de pessoas e disponibilidade financeira. Naturalmente o olhar para os prontos fracos ou fraquezas deverá recair sobre esses mesmos quesitos, no sentido de identificar em que a empresa ou marca precisa melhorar – ou, realmente, assumir determinados aspectos como fragilidades. Isso inclui desde instalações pouco adequadas às necessidades presentes da empresa até a falta de direcionamento estratégico, que pode ser crucial para uma empresa que pretenda fazer comunicação. Já o ambiente externo refere-se às oportunidades e ameaças apresentadas pelo mercado em que a empresa atua. Está relacionado aos aspectos da economia (local e global) que poderão significar novos mercados, à legislação pertinente, ao comportamento do consumidor em face dessa atividade, à situação da concorrência, entre outros.

A concorrência deve ser estudada com mais profundidade, dada sua importância para o negócio. Recomendamos que seja feita uma análise Swot exclusiva de, ao menos, um principal concorrente e, idealmente, de dois diferentes concorrentes. É interessante observar que, ao fazermos uma análise Swot comparativa, poderão surgir aspectos que tragam importantes diferenciais exatamente dessas mesmas comparações. Vai desde a facilidade de manuseio das embalagens da concorrência, por exemplo, aos nichos de posicionamento de comunicação de cada marca.

Vejamos agora, no quadro 3, o que poderia ser uma Swot de nossa academia de ginástica, a RalAção!, lembrando que todas as informações aqui utilizadas são hipotéticas e foram especialmente construídas e imaginadas para este livro.

Quadro 3
SWOT – RalAção!

Pontos fortes	Pontos fracos
Do espaço: instalações e localização geográfica ❏ Ataulfo de Paiva: principal via do Leblon ❏ De frente para a rua ❏ Sobrado de um banco movimentado ❏ Em frente a uma locadora (de vídeo) de grande porte ❏ Em frente a um ponto de ônibus ❏ Próxima da praia e da Lagoa, possibilitando atividades alternativas de fácil acesso e sem custo	**Do espaço: instalações** ❏ Falta ar-condicionado ❏ Aparelhos relativamente antigos ❏ Tamanho físico pequeno, especialmente se comparado ao da concorrência ❏ Recepção pequena e pouco confortável ❏ Carece de espaço adequado para a guarda de pertences ❏ Não tem estacionamento ❏ O bar é pequeno e não oferece muitas opções

Do marketing: produtos e diferenciais
❏ Oferece ginástica localizada e pilates, incomum entre os concorrentes próximos
❏ Equipe (corpo docente) reconhecidamente competente
❏ Funciona em um único andar
❏ Há 15 anos no mercado, demonstrando experiência
❏ Sócios bem-conceituados junto aos demais profissionais do ramo
❏ O clima da empresa é bom
❏ Não há hierarquia formal
❏ Bom relacionamento com a equipe de apoio: limpeza e suporte
❏ Há controle e acompanhamento médico e de fisioterapeuta
❏ Há lealdade dos alunos, inclusive alguns desde a inauguração
❏ Bom atendimento técnico ao aluno
❏ Excelente seleção de músicas para as aulas
	Do marketing:
	❏ **Produtos e serviços:**
	  ❏ Há carência de atividades alternativas, com novos métodos
	  ❏ Não há oferta de serviços paralelos, como atividades sociais, nutricionista, palestras etc.
	  ❏ Faltam atividades dirigidas à terceira idade
	  ❏ Não há parcerias com outras empresas
	❏ **Preço:** alto, considerando-se a relação custo × benefício
	❏ **Praça:** a empresa sequer considera expandir-se para outros pontos
	❏ **Comunicação integrada:**
	  ❏ Letreiro externo pouco eficiente.
	  ❏ Site na web pouco interativo e com atualização demorada
	  ❏ Falta de acompanhamento da vida pessoal dos alunos
	  ❏ Não há prática de marketing de relacionamento

Dos processos ❏ Os sócios estão dispostos a investir em tecnologia. ❏ Um dos sócios está fazendo o MBA em Marketing da FGV e está entusiasmado e ansioso para implantar o que vem aprendendo	**Dos processos** ❏ Não há política de captação de alunos ❏ Não há clara definição de público-alvo ❏ Não há política de participação dos funcionários nos lucros ❏ Há comercialização informal de roupas e sem controle da academia
Oportunidades	**Ameaças**
❏ Aumento de empresas se deslocando para a Zona Sul (Ipanema e Leblon) ❏ Chegada do metrô a Ipanema, próximo ao Leblon ❏ Aumento da preocupação com saúde e bem-estar ❏ Copa de 2014 e Olimpíadas de 2016 ❏ A população do bairro é numerosamente estável e vem envelhecendo	❏ Abertura de novas academias concorrentes próximas ❏ Tumulto provocado pelas possíveis obras de expansão do metrô ❏ Um dos focos principais da academia – ginástica localizada – está sendo substituído por outras modalidades ❏ Principal concorrente tem atividades sociais muito mais intensas (dono de barraca na praia do Leblon)

É, leitor... Em um primeiro olhar observamos que nossa RalAção! está ameaçada em sua posição mercadológica. Ao longo deste livro iremos buscar possíveis formas de reverter esse quadro e, quem sabe, com sua ajuda, ainda nos tornaremos campeões?

Os stakeholders

Além dos aspectos já apontados, observe a percepção da marca, tanto do ponto de vista interno quanto do externo. Uma das primeiras formas para começarmos a pensar no negócio e respectivas oportunidades futuras é o correto mapeamento dos *stakeholders*, ou grupos de interesse de uma organização. Assim, cabe uma pergunta crucial: quais são os públicos que, direta e indiretamente, são afetados pelas atividades dessa academia de ginástica?

Agora, imagine que estamos falando de uma organização de maior porte, a exemplo da Usina Hidrelétrica de Belo Monte, frente a um sem-fim de conflitos. Para gerenciar conflitos, por exemplo, antes mesmo de negociá-los é preciso estabelecer quem são as diversas pessoas envolvidas ou grupos de interesses. Na verdade esse levantamento não deve ser feito exclusivamente com vistas a possíveis crises, mas como exercício estratégico e forma de pensar e trabalhar sua marca. Há diversas formas de fazê-lo, mas o habitual é a separação em nichos de interesses comuns. A lista de *stakeholders* é sistemática e viva, pois, dependendo do momento no qual a organização se encontra, à relação inicial (de *stakeholders*) podem-se acrescentar novos grupos de interesses, dependendo dos objetivos pretendidos e à luz do cenário. Mas a base permanecerá a mesma enquanto o objeto da organização se mantiver.

Veja, na figura 4, um mapeamento de *stakeholders*, hipotético, apenas para ilustrar a aplicação do conceito.

Figura 4
MAPEAMENTO DE *STAKEHOLDERS*

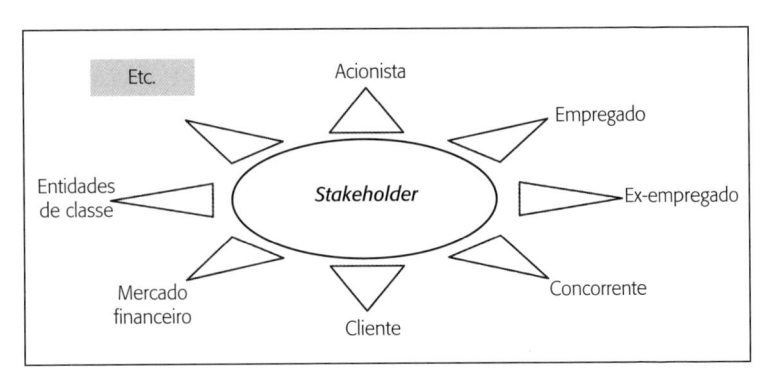

Diagrama com "Stakeholder" ao centro e setas apontando de/para: Acionista, Empregado, Ex-empregado, Concorrente, Cliente, Mercado financeiro, Entidades de classe, Etc.

É importante observar que, no diagrama, o grupo de interesse mais relevante é constituído pelo "Etc.". Isso se dá em função de cada organização ter sua própria realidade, devendo esta ser e estar adaptada ao conceito. Não se pode deixar de pensar a relação dos *stakeholders* como via de mão dupla entre eles e a organização. Mas como, efetivamente, posso fazer o mapeamento dos *stakeholders* de minha empresa? É necessário fazermos duas perguntas distintas:

a) *A quem me* (sua organização) *interessa atingir?*
   Para essa resposta, pense no seguinte bloco de perguntas, como exemplos:
   - Quem é sua organização (pública, privada, mista, com ou sem fins lucrativos, com ações negociadas em Bolsa de Valores etc.)?
   - Quem são seus acionistas?
   - O que sua organização fabrica/desenvolve/cria, seja em produtos ou serviços?
   - Quem são seus fornecedores?
   - Quem são seus distribuidores?
   - Quem são seus concorrentes?

b) *Quem se interessa, direta ou indiretamente, por meus negócios?* Um pouco mais sutil, esta pergunta nos leva a questionar a diferença entre o interesse direto e o indireto. Vejamos: um empregado ou acionista tem interesse direto no desempenho da empresa, pois dela recebe algum tipo de benefício (salário, dividendos etc.). Já a comunidade próxima de onde sua organização está localizada pode não receber nenhum benefício direto, mas certamente sofre as consequências de seu negócio, levando-a a ter interesse indireto. Se você reside vizinho a uma indústria de biscoitos, por exemplo, pode estar diariamente tentado a fugir da sua dieta para emagrecer, devido ao delicioso cheiro de biscoitos frescos. Seria bem diferente se fosse vizinho a uma indústria de celulose, em que o cheiro exalado é o de enxofre. Portanto, em ambos os casos a atividade afeta a comunidade em seu entorno. Essa pergunta também pode explorar, por exemplo, a participação de sua organização em entidades de classe, sejam elas patronais ou dos empregados, ou associações formadas por empresas do mesmo segmento de atuação. Enfim, são alguns exemplos de como devemos agir para utilizar, de fato, o conceito.

É justamente na etapa inicial do diagnóstico que começamos a montar a extensa rede de relacionamentos que a organização deveria ter. Você deve estar imaginando que, ao começar a lista, poderá chegar a mais de 20 ou 30 grupos de interesse. Poderá descobrir que o nicho "poder público" engloba tantos departamentos, secretarias e diferentes órgãos, que chega a pensar que cometeu algum equívoco. Não. A realidade é mesmo um vasto horizonte que pode ser trabalhado, mas tudo irá depender dos objetivos pretendidos, do orçamento disponível e dos demais recursos necessários, tais como pessoas, tempo, prazos, legislações pertinentes, entre outros aspectos. O importante é conhecer o universo de possibilidades, até para fazer as exclusões necessárias diante dos objetivos e possibilidades disponíveis. Por outro lado, há ferramentas de comunicação que podem explorar um universo bem maior de *stakeholders* do que outras, como será visto nos capítulos 5, 6 e 7, a respeito da paleta de cores. Por que você, leitor, não continua o exercício da RalAção!, fazendo essa lista?

Organizações que nunca passaram por um processo de diagnóstico poderão demorar um pouco mais a obter as diferentes informações necessárias. Se a organização já detiver informações sistematizadas, além de mais rápido esse processo poderá ser mais econômico, visto que talvez muitas das informações necessárias já existam. Não é incomum encontrarmos empresas, sobretudo as de grande porte, com várias e diferentes pesquisas já realizadas e, portanto, pagas, faltando apenas encontrar o "fio da meada". Isso talvez explique por que, apesar de tantas informações, não conseguem transformá-las em inteligência ou em um conjunto pertinente que possa contribuir para, efetivamente, fazer diferença em seu mercado de atuação. Nesse caso, é melhor reunir todas as informações já existentes e buscar o que têm em comum, ou o que se vem repetindo ao longo do tempo, antes de pensar em buscar mais dados.

Todas essas informações tendem a produzir efeitos distintos a cada mudança por que passa a empresa. Logo, o diagnóstico é reflexo exclusivo de um dado momento, após o qual poderá sofrer alterações – tanto positivas quanto negativas. Daí a necessidade de um acompanhamento sistemático. Soluções adotadas ontem podem não mais servir às necessidades de hoje. Para ilustrar, imagine que você trabalhe em uma fábrica de laticínios e um dos carros-chefe de sua empresa seja a fabricação e comercialização de manteiga, sendo que sua marca é a *premium*[14] do mercado. Por mais saborosa que seja, por mais que tenha qualidade ímpar, preço e distribuição compatíveis com sua posição no mercado, o fato é que as vendas estão declinantes, enquanto os números relativos às vendas da indústria de margarinas é crescente. O que mudou? Ao se buscar essa resposta durante a fase do diagnóstico, com certeza surgirão informações e dados relativos ao impacto atribuído à manteiga como uma das vilãs no que diz respeito às moléstias cardíacas, incluindo-se o colesterol, a obesidade etc. Daí o aumento de vendas de seu principal substituto: a margarina. Portanto, será que cabe à organização continuar investindo verbas apenas em propaganda, como forma de buscar recuperar *share* (participação de mercado)? Se buscasse outras estratégias, talvez uma delas fosse estabelecer que a empresa deveria aumentar os recursos em pesquisas científicas – seja para encontrar novas formas de minimizar os teores de gordura ou mesmo para provar que a manteiga não é tão vilã quanto se pinta.

Agora que já conhecemos o cenário – ou macro e microambiências – e você já exercitou a relação de *stakeholders*, é preciso falar de objetivos, nas óticas do marketing e, sobretudo, da comunicação, até para buscarmos soluções possíveis para a RalAção!

Os objetivos

Objetivo é o que pretendemos obter ou atingir em dado momento. Embora o marketing seja considerado sinônimo dos quatro Ps, e essa definição já incorpore a variável comunicação, estamos propondo separar este item dos demais para dar a esta

---

[14] Principal, tida como a melhor e, por conseguinte, entre as mais caras do mercado.

mais foco e ênfase, já que a comunicação é nosso tema prioritário. Dependendo do organograma da empresa, muitas vezes a área de comunicação já recebe os objetivos (e estratégias) de marketing da área responsável, a partir do que irá elaborar seu planejamento.

Objetivos de marketing referem-se, habitualmente, ao negócio da empresa, contextualizado no mercado como um todo. Algumas empresas hoje incorporam aspectos relacionados também à lucratividade, vendas, tecnologia e inovação como parte dos objetivos de marketing, visto que são interdependentes e complementares. Contêm duas características fundamentais: sua descrição e, sempre que possível, números e prazos. Vejamos, no quadro 4, alguns exemplos.

Quadro 4
OBJETIVOS DE MARKETING

Mercado	a) Conquistar 2% de *market share* no mercado doméstico em 24 meses b) Manter os atuais 11% de mercado por 12 meses c) Ampliar a base de clientes em 26% nos próximos 24 meses d) Diminuir em 35% ao ano o número de reclamações
Produto	a) Criar um novo formato individual para as linhas A e B, já existentes, nos próximos 12 meses b) Desenvolver duas extensões de linhas para as marcas XYZ e ABC nos próximos 24 meses c) Vender 12,5% a mais do produto XYZ nos próximos 12 meses d) Mudar a embalagem de vidro para PVC em 24 meses e) Trocar a fragrância do produto XYZ em 12 meses para se aproximar ao líder do mercado
Preço	a) Manter em 17% a taxa de retorno sobre o investimento nos próximos 18 meses b) Cortar custos em 10% ao ano c) Ficar no limite máximo de 80% do preço do líder do segmento nos próximos 24 meses d) Promover bonificação de 20% aos supermercados durante os seis primeiros meses de lançamento do produto XYZ
Praça	a) Abrir uma nova loja por mês nos próximos 12 meses b) Ampliar em 35% a rede de lojas nos próximos 24 meses c) Introduzir o produto no canal bares e lanchonetes na região Sudeste até o final de 2011

Vimos que esses objetivos incorporam a participação da empresa no mercado aos aspectos relativos aos outros três Ps e à aquisição/manutenção de clientes. Com isso podem-se direcionar esforços para que a empresa passe a atuar em novos nichos, especialmente após ter descoberto novos filões, por meio da lista de *stakeholders*, por exemplo. O importante é observar que boa parte dessas informações e etapas pode vir pronta de outras áreas, mas isso não isenta a área de comunicação de olhá-las, analisá-las e estudá-las, já que servirão de base para as estratégias e ações táticas de comunicação.

Dicas:

a) Os objetivos devem ser realistas – cortar custos e, ao mesmo tempo, crescer é uma equação aparentemente difícil, mas que merece ser aprofundada pela área responsável, para que as estratégias possibilitem a consistência entre as metas.

b) Os objetivos precisam ser definidos com clareza para todos os envolvidos, para que haja convergência dos esforços.

c) Todas as variáveis precisam estar em sinergia entre si, uma vez que elas se "conversam". É essa consistência que irá ajudar na construção da marca.

De posse dos objetivos de marketing, é preciso formular os de comunicação. Veja alguns exemplos no quadro 5.

Quadro 5
OBJETIVOS DE COMUNICAÇÃO

		Internos	Externos
Promotion	Tangíveis	a) Estar entre as 100 melhores empresas para se trabalhar nos próximos 24 meses b) Ampliar em 17% a participação interna c) Contar com a presença de três integrantes de outras áreas nas reuniões de pauta d) Criar novos uniformes e) Tornar a empresa conhecida no mercado	a) Obter 82% de satisfação dos clientes com os nossos produtos b) Tornar o produto X sinônimo da categoria c) Informar o público-alvo da mudança de embalagens da marca Y d) Ampliar em três vezes a visibilidade da marca no segmento economia até o fim do ano e) Atingir 25% de *share of shelf* nos supermercados com mais de 20 *check-outs* até 20XY
	Intangíveis	a) Ser reconhecida como referência em responsabilidade socioambiental b) Fortalecer o *share of heart* c) Contar com a presença de três integrantes de outras áreas nas reuniões de pauta d) Fortalecer a identidade da marca e) Estimular a equipe de vendas com base no evento Copa do Mundo de Futebol até maio de 20XY	a) Ser reconhecida como referência em responsabilidade socioambiental b) Ampliar o conceito do produto c) Fortalecer o *share of mind* d) Envolver os *targets* primário e secundário em atividades culturais e) Proporcionar lazer esportivo com vistas à integração de públicos estratégicos para a empresa

Para a variável *promotion*, destacamos algumas peculiaridades:

- lembrete – marca envolve identidade e imagem, e, portanto, aspectos tangíveis e intangíveis, construídos com base na soma de percepções internas e externas;
- o conceito do produto ou de uma marca pode ser mensurado se já houver pesquisa prévia na empresa. Caso não haja, será preciso começar uma série, para que seja possível montar seu histórico. Para tanto, cabe estabelecer atributos (ou conceitos) para, posteriormente, poder mensurá-los;
- você pode não ter um objetivo de marketing em dado momento, mas ter um objetivo de comunicação. Por exemplo: informar os empregados de que a empresa está estudando a implantação de participação nos lucros e resultados;
- para um único objetivo você pode ter várias e diferentes estratégias. O mesmo se aplica às ações táticas. Veremos exemplos nos próximos capítulos;
- os objetivos de comunicação nem sempre têm números, em contraponto às outras variáveis de marketing. É bom, no entanto, que tenham prazos;
- cada ferramenta de comunicação, por si só, já irá contemplar objetivos pertinentes às suas características, como você verá nos capítulos sobre paleta de cores, que tratarão dessas ferramentas. Também os diferentes indicadores que falam da saúde de uma marca mostram alguns dos resultados pretendidos e poderão ajudá-lo a estabelecer seus objetivos. É importante, no entanto, que os objetivos globais sejam perseguidos.

Dicas:

a) Quando há objetivos de marketing, é preciso que os objetivos de comunicação sirvam de apoio e suporte às outras variáveis.

b) Se sua empresa tem, no organograma, a área de comunicação separada das áreas de marketing e vendas, seja habilidoso. Busque integrar as equipes e promova essa integração, construindo pontes em vez de paredes invisíveis. Assim, ainda que haja objetivos distintos, eles se inter-relacionam e a empresa é uma só. Portanto, para alcançar os resultados pretendidos é preciso unir esforços e se apoiar mutuamente.

c) Após estabelecer os objetivos, retorne à Swot que você montou. Compare o que pretende com as oportunidades e ameaças que você havia descrito. É possível? Seus pontos fortes sustentam os objetivos pretendidos, ou há pontos fracos que poderão atrapalhar? Precisa rever alguns dos objetivos? Se for o caso, negocie-os internamente, podendo utilizar alguns desses pontos já descritos como argumento.

Uma vez estabelecidos os objetivos, é hora de definir com quais públicos-alvo, ou *targets*, iremos trabalhar.

O público-alvo

Veja o que diz o autor norte-americano Philip Kotler (1998:225) sobre público-alvo: "A segmentação representa um esforço para o aumento de precisão de alvo de uma empresa".

Primeiro, é preciso que fique clara a diferença entre *stakeholder* e *target*. Trabalharemos com os dois conjuntos, mas em momentos distintos. Como já visto, faremos o mapeamento de *stakeholders* ao longo do diagnóstico e usaremos os conceitos públicos-alvo primário, secundário e influenciador, após a respectiva definição dos objetivos – tanto de marketing quanto de comunicação. Portanto, não se trata de usar uma ou outra lista, mas de olhar o amplo horizonte possível, dado pela identificação do cenário e das características das ferramentas de comunicação, e, então, selecionar os que trarão os resultados pretendidos diante dos objetivos definidos. Ou seja, lembra-se de que falamos que a lista de *stakeholders* era "viva"? Pois bem: se, à luz dos objetivos, você concluir que um nicho de público não estava lá previsto, volte à lista de *stakeholders* e a complemente. Assim seu planejamento estará coerente.

Depois, temos de entender a dinâmica do universo de públicos, uma vez que os papéis de cada nicho podem se misturar. Todos exercemos diferentes papéis ao longo do dia e podemos acumular mais de um papel diante de uma mesma situação, em relação a diferentes pessoas. É preciso ter clareza de quem poderá nos ajudar a atingir os objetivos propostos. Vejamos:

- *influenciador ou referência* – há pessoas que nos servem de referência, pois, para nós, têm credibilidade. Na RalAção!, um professor da faculdade de educação física, por exemplo, pode exercer este papel;
- *decisor* – nem sempre quem decide a escolha de uma marca é aquele que a compra ou mesmo que a utiliza. Veja o caso de nossas secretárias do lar. É você quem lava o banheiro ou a cozinha de sua casa? Pois se for a sua diarista ou empregada mensalista, talvez a decisão da marca a ser comprada seja dela, e não sua. A propósito, pesquisas atuais mostram o crescimento da influência das crianças nas escolhas de alguns bens, quando não são elas próprias que decidem certas compras;
- *comprador* – é a continuação do exemplo acima. Nem sempre quem efetua a compra é aquele que escolhe/decide ou utiliza;
- *utilizador/usuário* – a mesma lógica, com a diferença de que esta pessoa efetivamente vive a experiência prometida pela marca. Assim, se utilizar uma cera líquida que promete

fácil aplicação e alto brilho, você irá constatar a veracidade dessas promessas na hora de usá-la. E nada impede que você se torne um influenciador ou referência para seus amigos e/ou familiares, falando favoravelmente da marca, ou nem tanto...

Agora é preciso priorizar os públicos, definindo quem ou qual grupo de pessoas permitirá que você atinja os objetivos. São os chamados públicos-alvo primários, secundários e os influenciadores. Observe a diferença:

❑ *primário* – à luz dos objetivos estabelecidos, tanto quantitativa quanto qualitativamente, este é o grupo de pessoas que precisa ser priorizado para que alcancemos os nossos objetivos. Às vezes poderemos ter mais de um grupo, mas não é recomendável, especialmente se você nunca fez um planejamento. Todos os esforços de comunicação devem mirar esse alvo, para que a forma, o conteúdo e a linguagem sejam direcionados para estes, prioritariamente. Não significa esquecer os demais envolvidos, mas apenas escolher adequadamente as ferramentas para este grupo, lapidar as mensagens e convencê-lo a comprar seu produto ou serviço;
❑ *secundário* – é o segundo grupo de pessoas mais importantes para trazer os resultados de que sua empresa precisa. Portanto, precisa ser incluído em seus esforços de comunicação;
❑ *influenciador* – é o grupo de pessoas que não está, necessariamente, diretamente envolvido na compra do produto ou serviço, mas interfere – tanto positiva quanto negativamente – na compra. Exemplo: se você quiser comprar um suco em embalagem *tetra pak* (longa vida), é preciso que ele esteja não apenas no ponto de venda, mas acondicionado de forma adequada, sob pena de estragar a mercadoria. Caso estrague, por exemplo, quem você irá culpar? Provavelmente a marca do suco, quando a falha pode ter sido de armazenamento.

Logo, o ponto de venda, neste exemplo, poderá ter influência decisiva em sua compra.

Agora que já conhecemos os papéis e a importância dos públicos-alvo, é preciso qualificá-los, definindo aspectos geodemográficos, socioeconômicos, psicográficos e comportamentais (Weinstein, 1995). São essas as bases habitualmente mais usadas como referência para diferenciação dos esforços de comunicação:

❑ *base geodemográfica* – informações referentes à própria geografia local e territorial, além das que se referem a faixa etária, sexo e tamanho da família. Há um bombom no mercado, por exemplo, vendido exclusivamente nas regiões Sul e Sudeste devido às altas temperaturas de outras regiões do país, que afetam sua qualidade. Isso irá nortear a forma como compraremos mídia, por exemplo;

❑ *base socioeconômica* – conjunto de informações que lida com faixas de renda ou critérios baseados em renda familiar (classe econômica) e, também, grau de instrução, profissão, raça e religião. Como exemplo, pense no programa Minha Casa Minha Vida, que estimula financiamentos à casa própria para famílias com renda familiar mensal de até 10 salários mínimos em cidades pré-selecionadas pelo governo federal.[15] A mesma observação anterior referente à mídia se aplica aqui, e também à própria seleção de ferramentas de comunicação;

❑ *base psicográfica* – este é um dos conjuntos de informações mais importantes, hoje, para a diferenciação de marcas. Concorrentes diretos podem ter similaridade quanto aos

---

[15] Disponível em: <www1.caixa.gov.br/popup/home/popup_home_9.asp>. Acesso em: 3 fev. 2010.

aspectos socioeconômicos e geodemográficos, e buscar, neste conjunto psicográfico, seu melhor mercado. Lida com valores pessoais, características de personalidade, estilo de vida e tendências de comportamento de consumo, entre outros aspectos, que são a base para o uso coerente, consistente e eficaz da comunicação. As faturas de cartões de crédito são excelente exemplo para buscar alguns desses dados. Afinal, é possível rastrear uma livraria em que o portador do cartão habitualmente faz suas compras. Ou, mesmo, se esse consumidor frequenta uma livraria. O que um(a) frequentador(a) de academia de ginástica valoriza? Quais os benefícios e promessas que despertam sua atenção? Determinar essas e outras respostas irá facilitar o acerto das escolhas de seu futuro plano de ação;

❏ *base comportamental* – este item visa identificar o que realmente o consumidor busca quando se decide por uma marca, com que frequência o faz, seu grau de envolvimento, sua lealdade com a marca e os aspectos emocionais. Um consumidor que busca o conforto provavelmente não irá dirigir 20 quilômetros para comprar um detergente mais barato, podendo fazê-lo próximo de sua casa, em um supermercado de bairro, ainda que seja mais caro.

Habitualmente as empresas usam uma variedade desses fatores combinados, dependendo de sua base de dados e do conjunto de recursos disponíveis, tais como tecnologia, pessoas e verba, entre outros.

Em resumo: quanto melhor e mais precisamente definidos seus públicos, mais fácil será escolher as estratégias e ações táticas que servirão para atingir os objetivos.

Vejamos, agora, como, hipoteticamente, informações até aqui apresentadas podem servir nossa academia de ginástica RalAção!.

Criado há 15 anos por dois profissionais de educação física e ex-colegas de faculdade, o espaço foi aberto quando o bairro ainda não era valorizado como hoje, e a própria atividade não havia virado febre. Os dois sócios atendiam os clientes, se revezavam para dar as aulas e ainda faziam a limpeza do local. Eventualmente contavam com o apoio de algum familiar para que pudessem cumprir outras atividades necessárias. Na ocasião haviam escolhido abrir a academia em frente a uma escola, que também funcionava à noite como cursinho, e a uma disputada e tradicional padaria. A dedicação de ambos era praticamente total, e o público, cada vez maior, respondeu a esse diferencial de atendimento e qualidade para a época.

Os donos perceberam que poderiam ganhar mais se cumprissem uma longa jornada e que, só com os dois, isso não seria possível. Chamaram outros ex-colegas de faculdade para dividir a tarefa, além de contratar apoio tanto de serviços de secretaria como de limpeza, para aproveitar melhor a oportunidade de expansão que vislumbravam.

Em pouco tempo já estavam com alguns horários totalmente lotados, outros medianamente, e alguns ainda subaproveitados. Em paralelo, procuravam novas instalações, partindo para uma segunda unidade, na mesma região. O processo se repetiu, começaram a ganhar muito dinheiro, mas com alguns "buracos" no quadro de horários e outros praticamente com fila de espera. A marca RalAção!, já reconhecida, transmitia, simultaneamente, certo cheiro "caseiro", pois ficara a percepção de atendimento familiar. Decidiram contratar um consultor que os auxiliasse a resolver a equação do quadro de horários, a fortalecer a marca e também a planejar a expansão dos negócios. Para tanto, precisariam de investimento expressivo.

Veja, no quadro 6, como essas informações se tecem diante dos conceitos apresentados até aqui, de modo estruturado, e lembrando tratar-se de uma empresa fictícia.

Quadro 6
OBJETIVOS E PÚBLICOS-ALVO DA RALAÇÃO!

	RalAção!
Objetivos de marketing	Ampliar a base de clientes em 35% nos próximos 24 meses Dar início a uma rede de, no mínimo, seis lojas nos próximos 24 meses
Objetivos de comunicação	Reverter o "cheiro caseiro" da marca nos primeiros seis meses Obter visibilidade para a "nova" marca nos meses 6 a 12, fortalecendo-a nos meses subsequentes Obter visibilidade da marca nos segmentos economia e franquias a partir do mês 10 Ampliar o conceito do produto (serviço)
Público-alvo primário	Homens e mulheres (H & M) moradores e/ou trabalhadores do bairro, de classes B e C, que malham ao menos três vezes por semana, prezam a qualidade de vida e consideram exercícios físicos um importante meio para conquistar saúde e bem-estar
Público-alvo secundário	Funcionários da escola e da tradicional e concorrida padaria
Influenciadores	Familiares e amigos dos alunos, médicos, associação de moradores do bairro, fabricantes dos equipamentos, Associação Brasileira de Franchising

Você deve ter percebido que:

a) qualificamos integralmente apenas o público-alvo primário. Poderíamos ter qualificado ainda os demais, mas, neste momento, fiquemos só com o primário;

b) incluímos, entre os influenciadores, tanto profissionais de fornecedores de equipamentos quanto a Associação Brasileira de Franchising, além dos óbvios familiares e amigos dos já alunos. Isso porque, se você tornar a olhar os objetivos propostos, verá que há o interesse em expandir a rede de lojas, e a franquia é uma das possíveis estratégias de negócio. Portanto, é preciso que a empresa em questão esteja tinindo e pronta para atingir seus objetivos em até 24 meses, e há muito por fazer, sobretudo quanto às estratégias de comunicação, conforme veremos a seguir.

Neste capítulo nos propusemos a "ligar os pontos" das informações apresentadas anteriormente com o objetivo de começar a tecer o planejamento estratégico de comunicação (PEC).

A seguir veremos quais são as ferramentas da comunicação integrada, de que modo interagem e como podem ser aplicadas, exemplificadas em nossa academia de ginástica hipotética, a RalAção!.

5

A paleta de cores – uma amostra

Neste capítulo serão apresentadas todas as ferramentas que compõem a comunicação integrada. Com o objetivo de tornar a compreensão mais fácil, propomos sua analogia com uma paleta de cores, entendendo-se que há diversas formas de trabalhar com elas. Não há uma forma predefinida, correta ou padrão, e sim variadas possibilidades de composição.

O que irá determinar as escolhas consistentes é a clara percepção dos objetivos pretendidos, à luz do cenário existente. Veja o que diz o gato em *Alice no país das maravilhas*, de Lewis Carroll:

> Quando Alice chega a uma bifurcação, encontra um gato encarapitado numa árvore, e lhe indaga:
> – Você poderia me dizer que caminho sigo a partir daqui?
> O enigmático felino responde:
> – Isso depende muito de onde você quer ir.
> Ela exprime sua indecisão:
> – Não me importo muito com isso.

O gato emite uma sábia opinião:
– Então, qualquer caminho é válido.

Mesmo sendo as estratégias de comunicação o foco deste livro, ele é voltado ao ambiente do marketing. Então, precisamos também olhar as outras variáveis envolvidas. Continuemos com o exemplo da RalAção!. Vimos que ela pretende crescer, tanto em volume de clientes quanto em número de lojas. Há inúmeras possibilidades de estratégias para esses objetivos, mas fiquemos com as apresentadas no quadro 7.

Quadro 7
ESTRATÉGIAS DE COMUNICAÇÃO

RalAção! – estratégias de comunicação
Aprofundar o conhecimento a respeito do "cheiro caseiro" da marca
Criar nova identidade
Gerar orgulho de participar dessa academia
Gerar envolvimento com a marca
Brincar com o conceito
Promover a integração entre os diferentes públicos
Estimular o espírito colaborativo
Recompensar os resultados obtidos
Gerar experimentação da academia
Fazer-se presente na mídia espontânea, explorando outros nichos além de economia

Veja que há diferentes frentes de trabalho e que algumas dessas estratégias precisam ser trabalhadas antes de outras. Só poderemos trabalhar uma nova marca se soubermos os porquês de a atual ser percebida como "caseira". Portanto, é hora de pesquisar. Idealmente faremos ambos os tipos de pesquisas, qualitativa e quantitativa. Só depois é que os sócios deverão estabelecer que nova marca pretendem, revendo seus valores em relação aos objetivos, sobretudo os de expansão e visibilidade. Afinal, o fato de uma marca se fazer presente na mídia significa que seus proprietários, funcionários, clientes, fornecedores e demais *stakeholders* sabem exatamente que marca é essa, no que ela acredita e como funciona em todas as oportunidades de se relacionar.

Ao mesmo tempo, é preciso conhecer o mercado e os atuais participantes dele. Na RalAção! estamos falando dos atuais clientes, parceiros, concorrentes e dos possíveis clientes da região. O ideal, neste caso, é pesquisar quais os anseios, hábitos e atitudes que estes têm diante de uma academia e que produtos procuram. Também ajudaria ouvirmos os ex-alunos. Esse conjunto de informações poderá nos ajudar a desenvolver novas atividades/produtos – aulas diferentes, que poderiam envolver dança, bicicletas e tantas outras modalidades mais novas e que ainda não são oferecidas – e também rever os horários ociosos.

Mesmo sem pesquisa há características mercadológicas inerentes a qualquer academia de ginástica, e basta um pouco de bom-senso para saber que todos os frequentadores têm preocupações com a saúde, o bem-estar e a estética, não necessariamente nessa ordem. Para alguns, ir à academia representa, ainda, uma diversão e a oportunidade de fazer novos amigos.

Se estratégia significa a forma pela qual iremos atingir determinados objetivos, poderíamos simplesmente dizer que ações táticas são o "como do como", já que nos irão ajudar a detalhar como pretendemos transformar estratégias em... ação! Vejamos a figura 5, com o universo de ferramentas de comunicação hoje disponíveis, pressupondo o processo de construção de marca. Frisemos o hoje, visto que a cada dia há mais novidades nesta área. Portanto, o desenho também é vivo, uma vez que se reinventa diante do cenário existente, incorporando o novo.

Figura 5
A COMUNICAÇÃO INTEGRADA

| A paleta de cores | O pintor em ação |

Fontes: *clip-arts* do Microsoft Power Point; imagens do Microsoft Office.

Já que nossa proposta é tratar a comunicação como arte, visualize sua paleta de cores – decerto bem colorida, diferente da que aparece aqui.

Sua paleta poderá ter quantas cores você quiser, mas a deste livro, a PALETA DE CORES INTEGRADAS, tem, hoje, entre oito e nove diferentes cores. Explica-se: cada cor representa uma das oito ferramentas de comunicação que iremos abordar. A nona? Bem, é que com todas as novidades nesta área, a nona equivale à "próxima".

Por que a imagem? Porque nos permite trabalhar a marca da empresa pelas ferramentas de comunicação, que podem ser usadas isoladamente ou em conjunto. O resultado final, além do seu talento na harmonização de cores e na criação da obra, é justamente a construção da marca. Experimente segurar a paleta encaixando seu dedo polegar exatamente onde na imagem estão os pincéis. Agora, diante de uma tela, pegue seus pincéis com uma das mãos e a paleta com a outra. Comece a pintar.

Viu que qualquer que seja a cor escolhida, ao roçá-la com o pincel, a paleta inteira se mexe? Pois bem: você acaba de viver a experiência de uma marca – esta representada pela PALETA DE CORES, o todo. E cada cor significando a parte com que você irá trabalhar. Mas quais são essas oito partes que formam a comunicação integrada para a construção de marcas fortes? Veja:

a) comunicação interna ou endomarketing;
b) identidade corporativa;
c) propaganda;
d) promoções e *merchandising*;
e) responsabilidade social;
f) assessoria de imprensa;
g) marketing de relacionamento;
h) internet e mídia digital.

Veja que alguns desses instrumentos são carreiras de nível universitário, tamanha a complexidade, abrangência e especialização exigidas. Abordaremos os aspectos que nos levam a escolher um ou alguns desses diante dos objetivos e estratégias descritos anteriormente. A própria área de comunicação está ainda dividida em três grandes blocos: *propaganda e publicidade*, *jornalismo* e *relações públicas*.

Nossa abordagem, diferentemente da tradicional, se dará pela visão holística, em que o todo da comunicação e da marca é trabalhado pelas partes – no caso, as ferramentas de comunicação. Difere ainda pelo fato de haver tantas outras novidades na área graças à tecnologia e também como frutos de uma nova sociedade e, por conseguinte, de um novo comportamento do consumidor, consideramos não caber mais a divisão clássica apenas.

Cabe explicar a dinâmica dessa paleta cujas cores se destacam à primeira vista. Imagine-as como uma marca de empresa que tem diferentes produtos ou serviços à disposição. Se pensar na Nestlé, por exemplo, irá se lembrar de inúmeros produtos, de distintas marcas, por ela fabricados e assinados. Na prática, isso serve para mostrar que há uma integração entre cada produto do portfólio e que qualquer ação feita com apenas uma das marcas poderá afetar o todo – ou seja, durante uma eventual crise com um único produto, a marca-mãe (Nestlé, em nosso exemplo), como um todo, irá refletir as diferentes percepções provocadas pelas ações e atitudes tomadas, tanto para o bem como para eventuais erros.

Responsabilidade social

Antes de descrevermos os três blocos clássicos (propaganda e publicidade, jornalismo e relações públicas), falemos da responsabilidade social, aqui assinalada e diferenciada das demais ferramentas. Lembra-se de quando falamos que há empresas que fazem uso de algumas dessas práticas apenas para "ficar bem na foto"? Por isso está aqui, como uma ferramenta, e assim ainda é praticada por muitas organizações. Neste caso estamo-nos referindo àquelas que apoiam, especificamente, algum projeto de âmbito social ou ambiental, mas sem o devido respaldo e comprometimento como visão de negócio. Um dia, entretanto – esperamos que em curto espaço de tempo –, a responsabilidade social deixará de integrar essa PALETA, passando a ser o todo, como forma de fazer negócios e viver a vida.

Comunicação interna e identidade corporativa

Analisando a PALETA DE CORES da comunicação integrada, você verá que nossas primeiras ferramentas são a comunicação interna e a identidade corporativa, que fundamentam toda a construção de marca, conforme já vimos.

Para levarmos ao mundo exterior qualquer tipo de comunicação e marca, ainda mais para a massa da população, cabe começar a comunicar o pretendido à própria estrutura organizacional, atividade conhecida como comunicação interna ou mesmo endomarketing.[16] Trata-se de um conjunto de atividades e técnicas que visam unificar as informações "dentro de casa", a fim de neutralizar ruídos, dividir o conhecimento, obter a devida motivação dos empregados e – por que não? – obter seu orgulho por trabalharem na empresa. É uma sintonia fina, que irá afetar diretamente a percepção interna da marca, podendo ajudar na construção do *brand equity*. Será que os empregados gostam de trabalhar na empresa? O clima interno é estimulante e aberto a novas ideias, por exemplo? Apesar de sua importância, nem todas as empresas se preocupam em acompanhar seu clima interno e a satisfação de seus empregados, dois exemplos de pesquisas específicas que, hoje, contam com aliados: empresas de consultoria especializadas e publicações que elaboram *rankings* anuais das boas empresas nas quais trabalhar.

É verdade que uma marca forte ajuda a vender mais, assim como é verdade que há várias empresas com bons lucros que não investem na construção de suas marcas nem no bem-estar de seus empregados – apenas se preocupam em vender mais. Entretanto, é preciso trabalhar consistente e sistematicamente a comunicação interna, ajustando as diferentes informações para os diferentes públicos internos. Afinal, a pluralidade e a diversidade cultural são uma realidade, e nem todos compreendem as informações da mesma forma. Queremos trabalhar em empresas onde nos sintamos valorizados e com espaço para contribuir com nossos talentos. Com tantas agências de propaganda, por que

---

[16] O termo "endomarketing" foi registrado no INPI em 1991 por Saul F. Bekin, autor de *Conversando sobre endomarketing*.

será que há tão poucas especializadas na comunicação interna? Por que essa atividade era praticada por um profissional de relações públicas? Pode haver várias respostas para essas perguntas, e entre as principais está o fato de que essa atividade demanda esforços iguais ou, por vezes, até maiores do que a propaganda, mas poucos clientes se dispõem a pagar por isso, além de não aparecer "na telinha". Então suas funções, tidas como "secundárias", acabavam sendo diluídas em outras atividades. Ainda que não tenha visibilidade externa, a falta de entrosamento interno ou mesmo de informações e diálogo leva os empregados das empresas a se queixarem. Aí, a comunicação boca a boca exerce o papel contrário, servindo para enfraquecer a marca. Isso quando não se criam tribos específicas em redes sociais, com títulos nada gentis como "Eu odeio a empresa XYZ".

É fato que a falta de informações alimenta a contrainformação, facilitando a transformação do que poderia ser um pequeno ruído em uma crise interna. Sim, estamos falando da "rádio peão", "rádio corredor", entre tantos apelidos que sinalizam o mesmo: a rede interna de fofocas em que, ainda que sem intenção, um fato pode se transformar em grande crise. Nada pior do que um empregado saber, por terceiros, o que ocorre na empresa em que trabalha, especialmente quando isso se dá pelos meios de comunicação. E quando ele sequer sabia que a empresa em que trabalha iria veicular anúncios? Parecem aspectos pequenos, mas produzem efeitos em cascata, geralmente negativos. Afinal, como podem produzir bem ou mesmo sentir orgulho por fazerem parte de uma empresa na qual se sentem ignorados? A comunicação interna, nesse sentido, reforça a própria cultura organizacional, como descreve Morin (2000:15): "Podemos adiantar que uma cultura constitui um corpo complexo de normas, símbolos, mitos e imagens que penetram o indivíduo em sua intimidade, estruturam os instintos, orientam as emoções".

Trabalhar a comunicação interna é estimular a disseminação de informações com transparência e proatividade, motivando os empregados a participar das atividades da empresa e a buscar, em conjunto, os melhores resultados e práticas para os diferentes objetivos pretendidos. Vai além de simples caixas de reclamações/sugestões. Veja, a seguir, alguns exemplos de canais internos que são habitualmente utilizados pelas empresas, lembrando que podem ser em meio tanto impresso quanto eletrônico:

- website da empresa;
- intranet, *posts*;
- murais;
- revistas, *newsletters*;
- contracheques;
- caixas de sugestões.

Empresas de maior porte podem ter rádio e televisão corporativos, até com fins educativos, a exemplo da Vale, da Petrobras ou da Oi.

Quanto às atividades de comunicação interna, que podem ser desde pesquisas a eventos, são inúmeras as possibilidades, podendo ser ilimitadas na criatividade. Tudo dependerá de como a empresa vê e se relaciona com seus empregados. Os exemplos a seguir ilustram as práticas mais comuns:

- pesquisa de clima interno;
- pesquisas específicas frente a fatos isolados e/ou únicos;
- festa de fim de ano;
- aniversariantes do mês;
- Dia da Secretária;
- fale com o presidente.

Se temas e conceitos são criados, com diferentes abordagens, para campanhas destinadas aos clientes externos, o mesmo deveria permear o trabalho da comunicação interna. Não por acaso o símbolo da Nike foi criado por um empregado, em concurso interno.

Em nossa academia de ginástica a prática pode ser relativamente mais simples do que em uma empresa do porte de uma Petrobras, até por contar com bem menos unidades geográficas, um contingente menor de colaboradores e, aparentemente, com menos disparidades de formação entre seus empregados. Isso não implica, entretanto, que deva ser menos criativa ou elaborada. Ao contrário, pode se permitir ser até mais ousada, pois o ambiente de trabalho é, por natureza do próprio negócio, mais jovem e informal. Indo além da tradicional festa dos aniversariantes do mês, pode-se programar desde competições internas em trilhas a gincanas com os empregados e seus familiares. Isso estimula a colaboração e ajuda a aproximá-los.

Dicas:

a) Adaptar linguagem, imagens, formas e meios para se comunicar com os diferentes níveis hierárquicos. Permite que todos possam compreender o que precisa ser internamente veiculado, levando-os a se sentir parte da empresa. É inquestionável que empregados motivados tendem a produzir mais e melhor.

b) Se os funcionários da empresa não estão satisfeitos com seus salários ou com os benefícios, reveja o momento para implantar um programa de endomarketing. O tiro pode sair pela culatra. Já imaginou se você estiver organizando o evento de final de ano ou mesmo o lançamento de um boletim interno de notícias? O que deveria ser momento de confraternização ou celebração poderá servir de instrumento contrário.

c) A alta administração – leia-se: presidência e diretoria – precisa acreditar, de fato, que empregado é gente! Sim, embora estejamos em pleno século XXI, é comum observar que ainda há pessoas que continuam achando que seus funcionários são facilmente substituíveis, tais como peões de tabuleiro, e por outros mais baratos – e não necessariamente mais comprometidos. Neste caso é melhor adiar a implantação de um processo de comunicação interna. Do contrário, o empregado será o primeiro a questionar a dicotomia entre o discurso e a prática, o velho "nossos empregados são nosso maior ativo" dito por diretores que sequer os cumprimentam nos elevadores.

Como mensurar esses esforços? Busque indicadores tangíveis e intangíveis, pois ambos compõem a marca, e os acompanhe de modo a construir uma série histórica. No quadro 8 listamos alguns indicadores que podem e devem ser sistematicamente acompanhados, e você poderá constatar que um mesmo indicador produz resultados tanto quantitativos quanto qualitativos.

Quadro 8
Alguns indicadores

Quantitativos	Ambos	Qualitativos
Indicadores referentes ao *turn over* (troca-troca de empregos)		Conhecimento da marca
Absenteísmo		Associações com a marca
Produtividade		*Share of heart*
	Pesquisa de clima interno	
	SAC e/ou caixa de sugestões	
	Pesquisa sobre os meios e canais de comunicação interna	
	Pesquisa de imagem/opinião	

Você já deve ter percebido, a esta altura, que apenas a ferramenta comunicação interna já permite trabalhar quatro dos exemplos expostos nas estratégias de comunicação.

Identidade corporativa

Nossa segunda ferramenta, a identidade corporativa, já abordada, exige dedicação e respeito quanto à forma de construí-la e aplicá-la. Afinal, é metade da equação da marca, e precisa ser cuidada. Tudo costuma começar após a definição de missão, visão e valores da organização, quando, então, se buscam profissionais especializados para tornar tangíveis essas informações. Uma vez aprovada, nasce o que chamamos de logomarca, ou seja, a soma de letras que formam o nome, cores e símbolos ou grafismos. E esse conjunto de informações, agora a identidade, deverá ser utilizado de forma planejada, para reforçar a marca e protegê-la de eventuais usos que possam levar a uma percepção errônea ou confusa.

Para a nossa RalAção!, esta é uma das ferramentas que mais se farão necessárias no primeiro momento. Vá ao capítulo 4, no qual descrevemos a nossa análise Swot e onde definimos nossos objetivos, tanto de marketing quanto de comunicação. Veja que a identidade está lá abordada de diferentes formas: do letreiro pouco eficiente ao comércio informal de roupas, da meta de tornar-se uma rede à reversão do "cheiro" caseiro. Portanto, nada mais natural que uma estratégia criada especificamente para resolver todos esses desafios, a de criar nova identidade, conforme definido anteriormente.

Dicas:

a) Contrate especialistas para definir sua identidade.
b) Siga obrigatoriamente as recomendações deles quanto ao uso e à correta aplicação, desde que mutuamente aprovadas, nos diferentes materiais a serem desenvolvidos.
c) Não invente moda ao longo do tempo só porque o filho do seu vizinho teve uma grande sacada com sua marca – poderá gerar confusão com os diferentes usos se o assunto não for

pesquisado antes, durante e/ou depois! Uma coisa é o Google – marca já reconhecida e consagrada – brincar com a marca; outra é uma academia que visa se transformar em rede.

d) Apenas mudar a fachada, por exemplo – ou letreiro, ou uniformes, ou... – não resolverá outros problemas, como a falta de treinamento, a melhoria de processos etc.

Como mensurar esses esforços? Mais uma vez, poderemos usar indicadores tangíveis e intangíveis, e pesquisas estão entre as ferramentas mais usuais. Por outro lado, a própria aceitação dos materiais criados – de uniformes a brindes, e mesmo roupas a serem comercializadas – mostrará o acerto da identidade e do que sua imagem representa.

Gestão da marca

Do nosso ponto de vista, gestão da marca deveria ser a atividade exercida pelo profissional responsável por se relacionar, em nome da instituição a que pertence, com os diferentes públicos de interesse direto ou indireto (*stakeholders*), além de cuidar da comunicação interna, das promoções institucionais e praticar o *lobby*. O cargo que cresce, hoje, nas empresas é o de gestor da marca, também chamado de assessor de comunicação corporativa (ou empresarial), assessor de marketing institucional, entre outros, que cuida da nossa PALETA como um todo, pela ótica institucional. Difunde e fortalece os valores e a filosofia da marca, trabalhando, simultaneamente, os *shares of mind* e *of heart*.

Neste capítulo estudamos as ferramentas que compõem a comunicação integrada e sua dinâmica holística, associando-a ao conceito de responsabilidade social e esmiuçando os processos de comunicação interna e identidade corporativa, além de tratar brevemente da gestão da marca.

Agora que já abordamos as ferramentas que apoiarão as demais variáveis do *mix* de marketing, vejamos "A paleta de cores primárias", capítulo que irá descrever as ferramentas de comunicação tidas como "de massa" – como a propaganda, a publicidade e as relações públicas.

6

A paleta de cores primárias

Neste capítulo convidamos você a nos acompanhar na delimitação de conceitos ligados à comunicação de massa, especificamente os mais tradicionais, como propaganda, publicidade e assessoria de imprensa.

Comunicação de massa habitualmente nos remete a propaganda, promoções e relações públicas, instrumentos tidos como mais tradicionais, objeto até de estudos universitários, no Brasil. De massa, por permitirem falar a um grande número de pessoas ao mesmo tempo, e tradicionais por serem usados há mais tempo e, talvez, por serem mais conhecidos.

Propaganda

A propaganda, habitualmente a primeira ferramenta lembrada, costuma ser utilizada ou descrita como sinônimo de publicidade, fato esse considerado até pelo Conselho Executivo de Normas-Padrão (CENP), um dos órgãos que normatizam a atividade publicitária no Brasil, junto com o Conselho Nacional de Autorregulamentação Publicitária (CONAR). Essa confusão entre os termos "propaganda" e "publicidade" no Brasil ocorre por um problema de tradução dos originais de outros idiomas, especificamente os da língua inglesa. As traduções nas áreas de negócios, administração e marketing utilizam "propaganda" para o termo em inglês *advertising* e "publicidade" para o termo em inglês *publicity*. As traduções na área de comunicação social utilizam "propaganda" para o termo em inglês *publicity* e "publicidade" para o termo em inglês *advertising*. No caso do CENP a distinção entre os vocábulos é irrelevante, pois a entidade cuida tão somente das relações comerciais entre anunciantes, agências e veículos. Assim definido o âmbito de sua atuação, torna-se óbvio que ela trata da propaganda comercial e emprega essa locução como sinônimo de publicidade (*advertising*). O termo "propaganda" é usado quando a veiculação na mídia é paga; já publicidade refere-se à veiculação espontânea, em que o espaço é gratuito.

O universo da propaganda envolve três conjuntos de agentes, sem contar com o público final, como veremos:

- anunciantes – responsáveis por pagar a conta, são aqueles que oferecem o produto ou serviço;
- veículos – os meios que divulgam as diferentes mensagens, podendo ser impressos, eletrônicos, digitais, por ondas, satélites etc.;
- agências – empresas especializadas nos serviços de comunicação, podendo ser de planejamento, criação, mídia, assessoria de imprensa, eventos etc. Servem de interface entre o cliente (anunciante), os meios e os demais profissionais envolvidos ao longo do processo (da contratação de modelos à gráfica), envolvendo fotógrafos, ilustradores etc.

Tudo começa com um *briefing*[17] do cliente à agência, informando o que pretende em termos de objetivos de mercado,

---

[17] Segundo o *Novo dicionário Aurélio*, briefing é o "conjunto de informações básicas, instruções, diretrizes etc., elaborado para a execução de determinado trabalho, ou missão militar etc.".

públicos-alvo e da própria comunicação. Quais benefícios precisam ser comunicados, quais as justificativas para o que é prometido, qual a disponibilidade de verba, entre outros aspectos. A agência, então, cria uma campanha para atender ao cliente, que pode trilhar um dos caminhos a seguir:

- *institucional* – refere-se à difusão e reforço dos valores e filosofia da marca. Visa defender esses atributos e fortalecê-los na mente do consumidor, enquanto trabalha tanto o *share of mind* quanto o *share of heart*. Quando um banco convida você para trabalhar junto por um mundo melhor, não está vendendo serviços bancários diretamente, mas difundindo sua filosofia;
- *de produto* – informa e difunde benefícios e características específicas do produto ou serviço, destacando seus diferenciais enquanto solução de determinado problema. Trabalha mais o *share of mind*. O mesmo banco pode lhe oferecer até 10 dias de cheque especial sem juros;
- *de oportunidade* – é típica de grandes acontecimentos públicos, quando marcas pegam carona no fato e tratam de se aliar àquele momento. Não importa se o Brasil perdeu a Copa do Mundo de 2010; no mesmo dia havia comerciais de diferentes marcas fazendo campanha alusiva à oportunidade, ao momento de dar força e conclamar para 2014;
- *legal* – usada para atender às exigências definidas por lei às empresas públicas e de capital aberto (S.A.), com ações negociadas em Bolsa. Comuns, sobretudo na mídia impressa, são as atas de reuniões, os balanços financeiros, as convocações de acionistas, editais para licitações e concorrências, apenas para citar as mais comuns. São geralmente publicadas no *Diário Oficial* do respectivo estado ou da União e em periódicos de grande circulação dos estados, por exigência legal;

❑ *interativa* – com a disseminação das inovações tecnológicas e do acesso a elas, ficou mais fácil interagir diretamente com o leitor em uma revista, por exemplo, remetendo-o a um número de telefone através do qual a marca poderá tentar convencê-lo a comprar. Há diferentes meios para interação, tanto impressos quanto eletrônicos, e, desde 2009, um novo meio interativo e físico: o Tryvertising, loja que mistura os conceitos de "experimentar" (*try*) com "propaganda" (*advertising*), em que clientes cadastrados podem retirar, gratuitamente, um número limitado de artigos/mês. A condição é que o mesmo cliente responda à pesquisa especialmente formulada pelo fabricante.[18]

Em termos de qualidade de criação, destacamos a "fórmula AÍDA", quase de domínio público: chamar a *a*tenção, despertar o *i*nteresse, criar o *d*esejo e, por fim, levar o consumidor à *a*ção! Estamos nos referindo à relação entre o cliente (futuro comprador da marca), a marca e seu fabricante. Por vezes, nessa equação entra ainda o PDV (ponto de venda), no caso de encartes. O fabricante ou dono da marca quer informar (no sentido de apresentar os benefícios daquele produto ou serviço), difundir suas propriedades, convencer o cliente de que essa marca é a melhor solução para ele, motivando-o a procurá-la e, em seguida, comprá-la. Tudo isso auxiliará a marca a se posicionar tanto no mercado quanto na mente do consumidor, defendendo-a, ainda, da concorrência.

Em função de sua dinâmica e dos diferentes meios existentes, a propaganda é das ferramentas que permitem falar para a massa da população e, dependendo da disponibilidade de

---

[18] Ver mais em: <www.youtube.com/watch?v=NhTy5iXxPuY>. Acesso em: abr. 2011.

verbas, com maior alcance geográfico e rapidez. Destacamos, no entanto, algumas de suas fragilidades:

a) o fato de pessoas com maior nível de instrução saberem que se trata de espaço pago por aquele que veicula faz com que a marca não conte com a mesma credibilidade obtida por outros instrumentos;
b) o espaço de propaganda tende a ser limitado e caro, como uma página de revista ou um quarto de página de jornal, 30 segundos de rádio ou televisão, apenas para citar alguns. Portanto, use bem esse espaço! Falaremos de mídia digital no próximo capítulo.

Uma vez aprovada a campanha, a agência irá produzi-la para que seja finalmente veiculada nos distintos meios. Justamente por isso está autorizada pela Lei nº 4.680/1965 a cobrar honorários por sua coordenação de produção – da ordem de 15% sobre serviço de terceiros –, além da cobrança de um percentual sobre sua veiculação – até 20% –, seguindo as normas estabelecidas pelo CENP.

A veiculação fica sob responsabilidade da área de mídia, que responde pelo conjunto de informações acerca dos diferentes meios, pesquisa e planejamento – tanto dos conteúdos editoriais como dos hábitos dos públicos-alvo em relação à mídia. Negocia, ainda, os espaços e veiculações e, por fim, providencia a entrega de materiais.

No caso da RalAção!, a propaganda pode ser aproveitada, mesmo levando em consideração que a academia dispõe de pouca verba, se fizer uso de jornais de bairro, por exemplo. Poderá ser usado qualquer dos tipos – da institucional à interativa –, não cabendo a publicidade legal, uma vez que a RalAção! não é empresa listada na Bolsa. Se dispuser de um pouco mais de verba, poderá fazer inserções em revistas sobre boa forma, saúde, qualidade de vida. Em circunstâncias excepcionais – um evento específico, por exemplo –, podem ser levantados custos para inserções em programações locais de TV e rádio. Aí estamos falando de outro patamar de verbas, para o qual poderia buscar cooperação – com uma marca de roupas para atletas, ou mesmo equipamentos esportivos.

Dicas:

a) Não queira falar tudo a respeito da marca, em espaço tão curto ou pequeno, de uma só vez. Não despertará a atenção do leitor/espectador e ele terá dificuldade para se lembrar de tantas informações.
b) Deixe a cargo de profissionais a linguagem, imagens, formas e meios para se comunicar com os diferentes públicos. "Soluções caseiras" tendem a produzir "respostas caseiras".
c) A segmentação completa dos públicos-alvo é fundamental para um bom plano de mídia e, assim, para otimizar sua verba!
d) É preferível fazer menos, mas sempre, a fazer muito quase nunca.
e) Se sua empresa dispuser de uma verba maior, pesquise muito antes, pesquise durante a veiculação e pesquise depois, para acompanhar os resultados.

Como mensurar esses esforços? Além de pesquisas específicas, que cruzam a estratégia de mídia com a distribuição e vendas, há ainda as que recebem informações tanto tangíveis quanto intangíveis, sendo as mais comuns as listadas no quadro 9.

Quadro 9
ALGUNS INDICADORES DE PROPAGANDA E MÍDIA

Quantitativos	Qualitativos
CPM (custo por mil) – mede o retorno, em valor, do investimento feito em qualquer meio, dividido pela audiência desse mesmo meio, programa, site ou publicação.	*Recall* – ou lembrança da marca. Se a marca foi anunciada em TV, é importante saber se e como foi lembrada, de modo a avaliar a eficácia da comunicação. Aqui serão medidas, ainda, a qualidade percebida do produto/serviço e a apreensão dos benefícios comunicados.
GRP (*gross rating point* ou audiência bruta) – é a soma da audiência de um conjunto de programas em determinado período no qual o anúncio foi veiculado, buscando medir o total de públicos-alvo expostos ao anúncio.	*Awareness* – ou conhecimento da marca. Avalia se a marca é conhecida e em que nível, frente à concorrência e ao próprio segmento.
Top of mind – mede a primeira marca lembrada espontaneamente pelo consumidor em determinado segmento.	

Promoções e merchandising

Podem ser usadas de forma independente ou mesmo associadas à propaganda, obtendo, neste caso, ainda mais repercussão, dado o aumento da visibilidade e exposição da marca. São hoje as ferramentas mais importantes para traduzir, na prática, os conceitos de envolvimento e interação. Da nossa paleta, também é o conjunto mais interdisciplinar, pois exige uma série de informações, conhecimentos, conceitos, dados e técnicas, não apenas de promoções propriamente ditas, mas também da empresa e dos diferentes púbicos que podem ser trabalhados. Portanto, comecemos pelo conceito que o próprio *Novo dicionário Aurélio* já estabelece como definição para promoção:

> O conjunto de atividades que visam a fortalecer a imagem de uma marca, instituição, indivíduo etc., ou a influenciar pessoas

na escolha de determinado produto ou serviços. [Nesta acepção estão incluídas as atividades de propaganda, publicidade, relações públicas, produção de eventos etc.]

Agora façamos a comparação com a definição de marketing promocional elaborada pela Associação de Marketing Promocional (AMPRO):

> Atividade do marketing aplicada a produtos, serviços ou marcas, visando, por meio da interação junto ao seu público-alvo, alcançar os objetivos estratégicos de construção de marca, vendas e fidelização.[19]

Podemos observar que ambas trazem dois conjuntos de informações diferentes: os aspectos relativos à marca e às vendas. Cabe lembrar que marcas já conhecidas são mais facilmente vendidas.

Para que você tenha uma ideia da importância desta ferramenta, a Associação de Marketing Promocional (AMPRO) afirmava que o mercado promocional deveria movimentar mais de R$ 20 bilhões[20] em 2010, ou "mais de 50% do total dos investimentos em comunicação e marketing" no país, comparados aos R$ 9,6 bilhões em 2002. Mostra uma mudança no comportamento das empresas quanto à aplicação de suas verbas, em busca de maior interação com os consumidores, e estes, que se sentem beneficiados e partícipes.

Há diferentes tipos de promoção, e cada um congrega diversas técnicas promocionais exigindo atividades e mecânicas

---

[19] Disponível em: <www.ampro.com.br/conteudo/?n=2&id=66&ids=10>. Acesso em: 19 abr. 2011.
[20] Disponível em: <www.ampro.com.br/conteudo/?n=2&id=66&ids=10>. Acesso em: 19 abr. 2011.

em que as partes envolvidas precisam se mobilizar e partir para operações as mais diversas, e, por vezes, muito complexas. Imagine o que significa, em termos operacionais, você precisar comprar produtos e trocá-los por cupons para, então, participar de sorteios – afora a necessidade de autorizações legais. Essa é a principal diferença frente à propaganda.

Entre os tipos de promoções habituais, podemos citar: as institucionais, de vendas, de incentivos, o *merchandising*, as cooperadas e as mistas.

A PROMOÇÃO INSTITUCIONAL refere-se ao conjunto de ações que visam transmitir, promover e disseminar as crenças e valores de uma marca, fortalecendo-a ao longo do tempo. Engloba um conjunto de técnicas distintas, sendo as mais usuais:

- eventos – de um simples jantar a feiras, exposições, congressos, seminários, fóruns, palestras etc.;
- programas de visitas;
- apoios e patrocínios – aqui cabem os eventos esportivos, artístico-culturais, sociais, ambientais;
- restauro de patrimônio histórico;
- filantropia empresarial.

Cada uma dessas técnicas tem características específicas, mas todas são flexíveis e polivalentes, podendo ser usadas a qualquer momento do ciclo de vida e em qualquer localidade geográfica. Têm algumas características comuns, visando:

- envolver os diferentes públicos, aproximado-os da marca e entretendo-os;
- proporcionar experiências únicas entre o público e a marca;
- integrar a marca ao ambiente e às pessoas;
- estimular os apelos racionais (*share of mind*) e os emocionais (*share of heart*) da marca;

- ampliar o nível de conhecimento de marca (*awareness*);
- gerar lembrança de marca (*recall*);
- formar ou fortalecer as associações da marca;
- construir percepção de imagem favorável;
- idealmente, obter a lealdade dos consumidores.

É importante alertar para um aspecto crítico: a sinergia estratégica entre os valores e o propósito da marca e os da organização frente ao que deverá ser patrocinado, apoiado ou mesmo criado como promoção institucional. Deve ser facilmente entendido pelo público, sem que a empresa sequer precise explicar ou justificar o porquê de sua ação. E quanto mais envolvente for, buscando a participação ativa dos públicos, mais facilmente poderá obter resultados – tanto em vendas quanto em construção de marcas. Consideramos vendas pessoais nesta modalidade, uma vez que o profissional que a pratica está difundindo os valores da marca.

Promoção de vendas é a que faz uso de uma oferta adicional por prazo curto e predeterminado, para que os públicos envolvidos sintam-se realmente favorecidos. De um modo geral, visam vender mais, fazer com que estoques girem mais depressa, bloquear a concorrência, estocar o canal (PDV) ou a despensa do próprio consumidor final, conquistar novos consumidores e/ou mercados ou tudo isso ao mesmo tempo. Há muitas técnicas diferentes para esses e outros objetivos, e as que lidam com sorte (ou azar, na ótica legal), como sorteios e raspadinhas, requerem licença da Caixa Econômica Federal (CEF). Variam de uma simples liquidação para queimar estoques da última coleção às promoções em busca da fidelidade no longo prazo. São tantas as técnicas que não caberiam em um só diagrama, mas, via de regra, estimulam diretamente o *share of market*. Mais adiante veremos como promoções de vendas casam com ciclo de vida.

A *promoção de incentivos* visa estimular a equipe de vendas a vender mais em determinado período de tempo, a partir de uma campanha especialmente criada, com tema envolvente, e cujas metas de vendas e resultados atingidos estão atrelados a bônus e premiações. Pode ir desde uma convenção de vendas – reunião, habitualmente em hotel ou *resort*, em que, durante alguns dias, a equipe é reunida e participa de atividades de treinamento, motivacionais, lúdicas e recreativas – a ingressos para assistir à final de um torneio importante.

Merchandising, definido como a comunicação no ponto de venda, é a atividade usada para auxiliar na decisão de compra, no ponto de venda, já que pesquisas[21] apontam que 85% dos brasileiros decidem suas marcas no PDV. Usada para aproximar o público de determinadas marcas/produtos, é fundamental contar com a parceria dos estabelecimentos. É o estímulo final à compra, especialmente a realizada por impulso. Há diversos tipos de *merchandising*: da exposição promocional, por meio de espaços diferenciados (ilhas, corredores especiais etc.), até exposição fora do ponto, como faixas de rua, toalhas de praia, placas em campos esportivos, entre tantos outros. Essas placas são tecnicamente denominadas exibitec, diminutivo de exibitécnica,[22] mas ninguém se refere a elas dessa maneira. As inserções de marcas ou produtos em novelas, filmes ou peças de teatro recebem, em português, esse mesmo nome (*merchandising*), até pela dificuldade que seria fazer uso do original, em inglês: *in-script advertising* ou *product placement*.[23]

Cooperadas são as promoções que envolvem mais de uma marca, com os mesmos objetivos, a exemplo dos encartes de

---

[21] Ver Popai Brasil: <www.popaibrasil.com.br>.
[22] A técnica de exibir uma marca.
[23] Propaganda ou inserção do produto no próprio roteiro, em tradução livre.

supermercados. É a cooperação entre o fabricante, que ali criará uma promoção exclusiva para aquele ponto de venda, e este, que, por sua vez, responderá pela produção do encarte.

Mistas são as promoções que envolvem mais de um dos tipos acima. Um mesmo motivo (uma maratona, por exemplo) poderá fazer promoções tanto institucionais – como um evento de lançamento da promoção propriamente dita, mais brindes e diversos materiais de *merchandising* – como a promoção de incentivos, para que a equipe de vendas possa torná-la um sucesso.

Qualquer que seja o tipo de promoção escolhida, o importante é ter em mente que o fabricante ou dono da marca, ao optar por esta ferramenta de comunicação, estará abrindo mão de uma parte de sua margem de lucro. Isso para financiar a própria promoção, sobretudo se estivermos nos referindo às promoções de vendas. Claro que é feito com base nas projeções de vendas futuras, advindas do resultado da promoção em questão.

Cabe, ainda, ter em mente que todos os envolvidos gostam de promoções, cada qual por motivos pertinentes aos seus pontos de vista. Veja a seguir os públicos possivelmente envolvidos nesse processo.

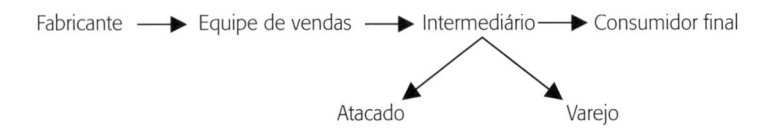

Fabricante ⟶ Equipe de vendas ⟶ Intermediário ⟶ Consumidor final

Atacado   Varejo

Uma empresa poderá fazer qualquer tipo de promoção dirigida a qualquer desses públicos separadamente, ou a mais de um público simultaneamente. Tudo dependerá dos objetivos pretendidos pela empresa, tanto do ponto de vista promocional específico quanto da sinergia com os objetivos empresariais a curto, médio e longo prazos. Daí a importância de um plano de promoções estar contemplado nos planos de marketing e de comunicação da empresa.

Em nossa RalAção!, o que não vai faltar é oportunidade para promoções e *merchandising*, como você poderá ver nos objetivos e estratégias citados. Ao contrário, será preciso cuidar para não pecar pelo excesso. Afinal, a própria natureza do negócio estimula essa interação e o entretenimento. De uma Gincana Verde, para alunos, equipes, parceiros e familiares de todos esses públicos, à PedalAção!, evento ciclístico na orla da Zona Sul do Rio. Outra iniciativa, a RalApapo!, poderia ser um evento mensal na academia, convidando esportistas, médicos e nutricionistas, por exemplo, para uma mesa-redonda interativa. Um último exemplo, que tanto atenderia à promoção institucional quanto ao *merchandising*, seria a instalação de uma tenda na praia do Leblon, a Tenda RalAção!, onde aconteceriam atividades sociais, recreativas e esportivas. Funcionaria nos finais de semana, das 9 às 17 horas, localizada ao lado de uma rede de vôlei, promovendo torneios semanais de vôlei e futevôlei entre alunos e convidados. Além disso, a tenda forneceria cadeiras de praia e guarda-sóis gratuitamente para os alunos, vendendo sucos naturais e bebidas à base de soja a preço de custo.

Lembra-se de que no capítulo "Conversas paralelas" falamos de palavras mágicas como estratégias de comunicação que melhor se encaixam no ciclo de vida? Pois bem, vejamos algumas das principais técnicas, para o tipo *promoções de vendas*.

Para a fase de Lançamento, usamos INTRODUZIR, INFORMAR, DIFERENCIAR, EXPERIMENTAR e TORNAR CONHECIDA.

Certas técnicas promocionais já incorporam qualquer uma dessas expressões, a exemplo da amostra grátis, disfarçada na pele de *test-drive*, ou degustação em um ponto de venda. Afinal, brasileiro adora a sensação de ganhar de presente algo que promete ser bom, mesmo que ainda não conheça. Você já recusou uma amostra de xampu dada em um bar à beira da praia, ou mesmo disponibilizada para hóspedes de hotéis? Ou devolveu uma caneta ou boné que lhe foi oferecido como brinde?

Para que a distribuição de amostras seja realmente eficaz, é recomendável treinar a equipe de promotores que fará a distribuição, até para que ajudem a difundir as propriedades do que está sendo distribuído. Por outro lado, tanto as amostras quanto um bom treinamento podem encarecer a promoção, mas os resultados tendem a ser mais rápidos.

Outra técnica poderá ajudar a diminuir os custos promocionais: a promoção cooperada, quando uma ou mais marcas se reúnem em torno da mesma promoção, rateando os custos. Por outro lado, pode também ser um risco para a marca nova, se uma das marcas cooperadas for muito mais forte. Válido principalmente quando um mesmo fabricante coopera com produtos distintos, emprestando a força de sua marca para apresentar a família de produtos. É uma técnica também muito usada pelo varejo, em seus encartes.

Já na fase de Crescimento, as estratégias de comunicação devem corroborar a diferenciação da marca enquanto se conquistam novos territórios. SUSTENTAR, CONQUISTAR, DIFERENCIAR, EXPERIMENTAR, na condição de palavras mágicas, podem ser trabalhadas replicando as campanhas já testadas com sucesso, enquanto trabalha com outras técnicas, como embalagens especiais. São aquelas que oferecem mais quantidade de produto em uma mesma embalagem, ou uma embalagem exclusiva alusiva a alguma data comemorativa, seguindo o calendário promocional do varejo. Quando essa embalagem é bem-pensada e executada, pode permanecer por longo tempo em uso – a exemplo de uma lata em formato de coração, que poderá abrigar chocolates também após o Dia dos Namorados.

Na Maturidade, nossas palavras mágicas são EXPANDIR, FORTALECER e DEFENDER a marca e os mercados. Na prática, além do que já foi escrito, poderemos, nesta fase, trabalhar com três componentes variáveis: brindes pela fidelização de curto prazo, brindes pela fidelidade e/ou lealdade de longo prazo e preços. No curto prazo, a fidelização pode se dar por meio de brindes dentro da embalagem – conhecido por *in-pack*. O brinde pode estar acoplado fora da embalagem e a ela amarrado – é *on-pack* – ou, ainda, o brinde pode estar em um local próximo, conhecido como *near-pack*, desde que após o cliente passar pelo caixa. É preciso ter cuidado apenas com a qualidade do brinde, que precisa ser atraente, mas não deve chamar mais atenção do que a própria marca. Já no longo prazo, um bom exemplo é a técnica *self-liquidating*, ou a que se paga no próprio momento da compra da mercadoria. Como nesta técnica o consumidor compra o produto e desembolsa um adicional para levar seu brinde, é esse adicional que deverá cobrir os custos promocionais. A vantagem é que, dependendo do brinde, poderá trabalhar tanto o *share of mind* como o *share of heart* da marca, não devendo ser um adicional considerado "caro". Por outro lado, é preciso planejar adequadamente o volume de brindes, sob pena de falta ou sobra. Na dúvida, opte por brinde que permita fácil recompra, para ir fazendo novos pedidos de acordo com sua aceitação. Outro exemplo de longo prazo são as coleções, sejam figurinhas para completar um álbum ou brindes colecionáveis, como utensílios domésticos ou outras utilidades – dicionários em fascículos, livros de receitas etc.

Por fim, na Maturidade é comum observarmos promoções envolvendo preços, e não estamos falando apenas de liquidações para produtos sazonais, mas de preço especial, descontos por volume e bonificação. Veja que o foco de nossa abordagem será a do intermediário, que poderá estender, ou não, o benefício da redução de preço aos consumidores finais. A primeira técnica (preço especial) pode ser usada tanto na Maturidade quanto no Lançamento, embora com mais parcimônia nesta fase. No Lançamento pode-se usar esta técnica para introduzir produtos de maior valor agregado e que o consumidor talvez hesite em experimentar por receio de não gostar e acabar "jogando fora". Já na Maturidade isso não ocorre, pois a marca já é conhecida. Em ambos os casos o grande risco é habituar os públicos – intermediário e consumidor – a um patamar de preços que não reflita a margem pretendida. Descontos por volume são similares à redução de preços e trazem a vantagem de, no jargão promocional, "entubar o canal", o que significa completar o estoque do PDV de modo que não sobre espaço para a concorrência. E a bonificação, a consagrada "dúzia de treze", em que, a cada dúzia comprada, a décima terceira unidade é grátis.

Na fase de Declínio evite esforços que consumam muita verba. Prefira os mais econômicos, como cupons ou vales-brinde. O primeiro pode oferecer desde descontos até a participação em sorteios, ajudando a movimentar a marca. Já os vales, embora gerem movimentação, não revertem queda nas vendas.

Há promoções que podem apoiar qualquer que seja a fase do ciclo de vida, como as institucionais, o próprio *merchandising*, os incentivos e as convenções – tanto de vendas como para distribuidores. Todos devem considerar as diferentes palavras mágicas e, sempre que possível, buscar um tema pertinente que sirva de conceito para envolver o(s) público(s) a que se destina.

As convenções visam obter o comprometimento do público-alvo, seja este a força de vendas ou os distribuidores. Costumam ser eventos em locais especiais, que por si só já representam um fator de curiosidade, como navios, *resorts*, hotéis diferenciados. Ali haverá toda uma programação relacionada com o tema escolhido, desde a apresentação do produto às metas pretendidas para o exercício fiscal e aos bônus ofertados àqueles que baterem as metas. Cuide do pós-convenção, para que a adrenalina obtida com o evento não se perca em pouco trabalho de sustentação.

Por fim, busque inspiração no calendário promocional de varejo, disponível na página web da AMPRO. Poderá, no mínimo, lhe dar uma desculpa para justificar uma promoção!

Dicas:

a) Promoções de vendas precisam parecer fáceis. Ou seja, o consumidor deve perceber a mecânica envolvida como simples, fácil de participar, sob pena de desistir de fazê-lo antes mesmo de começar.

b) Há promoções em que o brinde ofertado chama mais a atenção do que a própria marca do produto ou serviço. Atenção: é um risco que, se calculado, poderá trazer resultados positivos, especialmente se a estratégia for gerar experimentação ou mesmo buscar a fidelização de longo prazo – caso típico das coleções e álbuns.

c) Promoções que envolvem descontos de preço durante muito tempo podem levar tanto o canal como o consumidor final a se habituarem a esse novo patamar de preço. O fabricante poderá ter problemas para retomar o preço original, anterior à promoção.

d) Evite promoções de preços na fase de Lançamento. Depois você não conseguirá subir o preço. Exceção: se o produto em questão tiver maior valor agregado e, portanto, for mais caro. Mas atenção: que o período promocional seja realmente curto.

e) No *merchandising* também é importante observar a sinergia estratégica entre a marca e o conteúdo. Inserir sua marca a qualquer custo pode surtir o efeito contrário: o de prevenção contra ela. Ideal é que a marca surja com naturalidade.

f) Respeite as particularidades dos diferentes pontos de venda para não desperdiçar esforços em materiais maldimensionados.

g) Para qualquer tipo de promoção e *merchandising* não há limite para a criatividade; surgem constantemente novas técnicas ou novos nomes para técnicas revistas e ampliadas.

h) A legislação está continuamente sendo revista e exige acompanhamento especializado e próximo. Na dúvida, se não puder contar com os serviços de advogado especializado, dê uma olhada no site da AMPRO.[24]

Como mensurar esses esforços? Em promoções o mapa de vendas é um dos principais instrumentos de mensuração para analisar o sucesso da ação. Seu acompanhamento semanal ou quinzenal, dependendo da modalidade e técnica escolhidas, permitirá correções de rumo em tempo hábil. Há, ainda, as pesquisas específicas, tanto quantitativas quanto qualitativas, segundo os objetivos considerados.

Assessoria de imprensa

Agora que já vimos as ferramentas que mais falam à massa da população, vamos abordar a última da trilogia desta "Paleta", o que para uns é *assessoria de imprensa* e para outros, *relações públicas*. Explica-se: entre as principais atividades de um profissional de relações públicas está o uso da assessoria de imprensa, e como a imprensa é um dos principais atores para a construção da imagem de marca e opinião pública, daí a confusão.

A assessoria de imprensa envolve o relacionamento direto entre a empresa – por meio de profissional próprio ou empresa contratada – e os meios de comunicação; daí ser a atividade também praticada por jornalistas. Lida com fatos e

---

[24] Associação de Marketing Promocional (Ampro): <www.ampro.com.br>.

deve ser trabalhada como processo, visto que um de seus pré-requisitos – além da notícia, claro – é a credibilidade, e esta se constrói ao longo do tempo, tal como a marca. Cabe a estes profissionais traduzir, em forma jornalística, fatos que possam ser considerados relevantes pela opinião pública, adequados a cada um dos meios nos quais a empresa em questão pretenda se ver retratada.

É a ferramenta que mais interfere na percepção da marca, pois gera o que se chama mídia espontânea. Ou seja, o fato é divulgado pela empresa, mas quem o descreve e publica é o meio de comunicação, com a assinatura de um de seus jornalistas. Na prática, a grande vantagem é que conta com a chancela de qualidade desse mesmo jornalista quando ele assina a matéria. Seu endosso agrega credibilidade, sendo essa uma diferença importante quando comparada à propaganda. Por outro lado, difere desta última, pois o dono da marca não controla as informações divulgadas; quem o faz são o meio e quem assina a matéria. Não é incomum clientes (a empresa) acharem que têm uma "notícia quente", que até poderia "estar na capa" – sempre sob seu ponto de vista – e que está retratada de forma diluída, em poucas linhas e sem o destaque esperado (desejado). O espaço outorgado por intermédio dos esforços de assessoria de imprensa é gratuito; o que se paga são os profissionais envolvidos, fotos, ilustrações, amostras de produto que precisem ser enviadas. O espaço dado poderá ser maior na medida em que o assunto seja de interesse do grande público. É uma ótima ferramenta, ainda, para educar consumidores, haja vista o volume de matérias (mídia espontânea) visando educar o público a consumir menos energia elétrica, cuidar-se contra o mosquito da dengue – esta, um prato cheio para assessorias de indústrias de repelentes.

Crises, inerentes a qualquer atividade, precisam ser habilmente administradas e conduzidas por profissionais, idealmente integrando um comitê interdisciplinar. De advogados ao assessor responsável, com a participação ativa do presidente da empresa, à frente do processo e devidamente assessorado por diferentes especialistas. Quanto mais esses profissionais estiverem baseados em fatos e em informações precisas, disponíveis no menor tempo possível, melhor será para sua administração e para a própria reputação da corporação. Rumores por falta de informação só aumentam a especulação e podem até aumentar o estrago.

Paralelamente à assessoria de imprensa, há a atuação dos que praticam a comunicação junto ao poder público, o *lobby*.

Lobby

Lobby pressupõe um relacionamento entre um legítimo representante de um grupo de interesse – empresa ou setor – junto a qualquer esfera do poder público. Estamos falando do profissional que faz essa interface de modo legítimo, a exemplo da representação diplomática ou das federações das indústrias, associações comerciais, associações de classes, para citar apenas alguns exemplos. Nessa ótica – diálogo entre um representante legítimo e o poder público –, a própria Central Única dos Trabalhadores (CUT) ou o Movimento dos Sem-Terra (MST) são organizações lobistas formal e legalmente constituídas.

Habitualmente são profissionais que entendem profundamente do setor ou atividade que ali estão representando, prontos a defender esses interesses. Fazem-no por meio de números, fatos, informações e educando o próprio poder público, por meio das câmaras setoriais do Congresso. A importância do profissional surge justamente na hora da formulação de leis – membros do Legislativo não são eleitos para serem profundos conhecedores de determinadas matérias, mas para que defendam os interesses do povo. Logo, os legisladores precisam conhecer os diferentes pontos de vista sobre um mesmo assunto, para que formulem uma legislação pertinente, que seja a mais adequada aos interesses do povo. A regulamentação da profissão no Brasil tramita no Congresso desde 1989. Um bom exemplo pode ser visto no site do Idec, em matéria datada de 11 de junho de 2010:[25]

> Foi enviado na última quarta-feira (9/6) ao Conselho Nacional de Políticas sobre Drogas (Conad), por meio do representante do Ministério Público Federal no órgão, um ofício pedindo mais rigor para a publicidade de álcool e de derivados de tabaco. O documento é assinado pelo Idec, pela Associação Brasileira de Estudos de Álcool e Drogas (Abead), Instituto Alana, da Unidade de Pesquisa em Álcool e Drogas do Instituto Nacional de Políticas Públicas do Álcool e Drogas (Uniad/Inpad) e da Aliança de Controle do Tabaco (ACT), e resultou de um seminário sobre o assunto [...]
> As organizações pedem ao Conad que fomente um estudo técnico e estruturado para uma política pública sobre a publicidade de bebidas alcoólicas. O objetivo desse estudo seria revisar a legislação existente sobre o assunto, bem como as propostas legislativas em curso.
> Atualmente, a Lei Federal nº 9.294/1996, que regula a publicidade de bebidas alcoólicas, incide somente sobre aquelas com teor alcoólico superior a 13 graus GL (Gay Lussac), o que deixa de fora, por exemplo, cervejas, ices e vinhos. De acordo com dados do Ibope, em 2007 o mercado dessas bebidas investiu quase R$ 1 bilhão em publicidade. No caso do tabaco, embora a legislação tenha avançado bastante nas restrições, a indústria tem lançado mão de novas "artimanhas" para promover o produto [...]

---

[25] Disponível em: <www.idec.org.br/emacao.asp?id=2358>. Acesso em: 13 abr. 2011.

Além do ofício, resultou do seminário um documento com os consensos definidos pelas entidades participantes a respeito do tema. Entre as definições, destacam-se: devem ser consideradas bebidas alcoólicas aquelas com teor alcoólico superior a 0,5 grau GL; as atuais restrições à publicidade de bebidas e tabaco previstas pela legislação brasileira e pelos acordos de autorregulamentação são insuficientes para a proteção adequada dos consumidores; o Estado – em seus três níveis da Federação – é omisso na fiscalização da legislação, permitindo que as empresas de bebida e cigarro descumpram, impunemente, as normas restritivas às propagandas de seus produtos.

Em outra matéria, esta publicada no site do Observatório do Direito à Comunicação em 27 de maio de 2010 e assinada por Lia Segre,[26] temos que:

> O desembargador Luis Antonio Rizzato Nunes, professor de direito do consumidor, denunciou um método recente utilizado pela indústria do tabaco: vendedores ambulantes, jovens e atraentes, atuando especialmente em festas e casas noturnas. "A legislação permite propaganda apenas em outdoor e em pontos de venda, mas está sendo violada."
> O professor explicou que, na época da lei (de 1996), entendia-se como ponto de venda o "ponto fixo" – lojas, padarias, bares, bancas de jornal –, mas hoje há o "ponto móvel", que são os vendedores. "Existem movimentos de venda por vendedores ambulantes que vão distribuindo cigarros a jovens e adolescentes", contou.

---

[26] Disponível em: <www.direitoacomunicacao.org.br/content.php?option=com_content&task=view&id=6694>. Acesso em: 14 abr. 2011.

Em nossa academia RalAção!, a atividade de *lobby* não parece necessária, pois seria mais pertinente se exercida pela Associação Brasileira de Academias (ACAD). A RalAção! poderia filiar-se à entidade, de modo a participar defendendo seus interesses, tendo em vista o objetivo de se transformar em rede.

Já em relação à assessoria de imprensa, decerto a RalAção! deve fazer uso intenso dessa ferramenta, sobretudo nos jornais locais, em um primeiro momento.

Dicas:

a) Não se deve pedir ao jornalista para ler a matéria antes de sua publicação. A mesma credibilidade que o jornalista tem na apuração da matéria terá ao lhe ouvir fornecendo as respostas.

b) Há um velho ditado que diz "não há perguntas inconvenientes, mas clientes malpreparados". Portanto, ao falar com jornalistas, tenha os fatos à mão e seja o mais direto e preciso nas respostas.

c) Atenção ao spam! Veja o que diz a *Revista Jus Navigandi*: "o spam continua a ser uma atitude a ser repudiada por todos como uma conduta de mau gosto, agressiva e violadora [...]".[27] Se algum dos contatos pedir para ser removido do seu *mailing*, atenda, sob pena de ser formalmente interpelado.

Como mensurar esses esforços? Novamente falaremos de pesquisas, tanto qualitativas quanto quantitativas, sendo as de imagem ou de opinião pública as mais utilizadas. Por outro lado, ainda se usa a mensuração de *clippings*,[28] pois permitem

---

[27] Para mais detalhes, ver: <http://jus.uol.com.br/revista/texto/1790/congresso-sobre-spam-a-verdade>. Acesso em: 19 abr. 2011.
[28] São os recortes de matérias publicadas ou veiculadas na imprensa, tanto na mídia impressa quanto na eletrônica.

quantificar tanto por tamanho da matéria (no caso de centimetragem/coluna) quanto por tempo de exposição da marca. Nestes casos, cruzam-se as informações quantitativas e os valores cobrados pela inserção comercial (propaganda), caso fosse possível comprar espaço semelhante. Permite ter uma ideia de quanto o esforço da assessoria gerou em termos de retorno financeiro. Há indicadores específicos para acompanhar notícias em meio eletrônico, como será visto no próximo capítulo. Para o *lobby*, o próprio acompanhamento da legislação – publicada – é um balizador para mostrar os acertos do trabalho.

Agora que já vimos as ferramentas mais tradicionais – publicidade, propaganda e assessoria de imprensa –, abordaremos as mudanças introduzidas desde meados do século passado, com a chegada da tecnologia à população leiga; como a internet, a mídia digital e o marketing de relacionamento vêm revolucionando meios de comunicação, as formas de fazer comunicação e a própria sociedade.

7

A nova paleta de cores

Diferentemente da "Paleta" anterior, que abordou a comunicação de massa, este capítulo irá descrever as novas ferramentas diante das inovações tecnológicas, e como estas vêm pautando uma nova forma de existirmos, agirmos e, por que não?, pensarmos. A principal diferença é que aqui iremos tratar das ferramentas que trabalham a massa da população de forma dirigida ou pessoal: a mídia digital e o marketing de relacionamento. Ambos já existem, no mundo corporativo, como áreas independentes, mas seria mais adequado se fossem áreas interdependentes.

As muitas nuances entre o branco e o preto

Ao terminar este parágrafo, certamente teremos milhares de novos softwares, aplicativos e equipamentos no mundo digital, que inclui a internet, a telefonia celular, as bandas 3G, 4G e todas as novidades tecnológicas que a cada dia se multiplicam – de 3D à realidade aumentada, entre outras –, pautando nova forma de comportamento social.

É um mundo que permite aos profissionais de marketing e comunicação estabelecerem uma conexão direta, em tempo real, com seus clientes, amigos, clientes e amigos desses clientes e amigos e consumidores, independentemente do meio, momento ou localização geográfica – o mundo totalmente sem fronteiras, como costuma ser apresentado. Saímos de uma realidade unidirecional, que abordava a forma clássica de comunicação com um emissor, um ou mais receptores e uma mensagem, para uma forma bidirecional, em que todos são receptores, criadores, emissores e palpiteiros das mesmas mensagens. Da primeira geração da internet como armazenadora de informações ao atual estágio, em que qualquer um de nós cria e/ou participa de redes sociais e microblogs, faz videoteleconferência e, ainda, consegue realizar o "milagre da multiplicação": estar em todo lugar, ao mesmo tempo, aqui e agora, com quem bem entender, sem sequer precisar sair da cadeira. Ter seu próprio perfil, site ou blog deixou de ser diferencial para ser considerado algo corriqueiro.

Veja o que diz Saad (2003:23), a respeito do mercado de informação e comunicação, justificando seu estudo publicado no livro *Estratégias para a mídia digital*: "O mercado de informação e comunicação é o mais impactado pelas novas tecnologias, já que informação é, ao mesmo tempo, sua matéria-prima, seu principal produto e sua base de sustentação".

É um ambiente inovador, envolvente, que vivencia a velocidade e a instantaneidade, exigindo capacidade de adaptação diante de um caráter não definitivo (Saad, 2003). São, sem dúvida, ferramentas que conclamam à colaboração, à participação e à mobilização, possibilitando um engajamento nunca antes visto ou mesmo possível. Para Kotler e Keller (2006:614), é o próprio cliente, hoje, quem inicia o relacionamento com uma marca, chegando até a controlar esse processo de troca, enquanto à marca cabe monitorar e acompanhar o processo.

Observe as palavras-chave desse parágrafo; qualquer uma, individualmente, pode se transformar em uma estratégia de comunicação. A título de exemplo, tomaremos a palavra mobilização para usá-la em nossa RalAção!. Você se lembra de que sugerimos a Gincana Verde RalAção!? Pois bem, imagine que o objetivo seja organizar um final de semana para que todos os públicos de nossa academia se reúnam com o fim de educar moradores e passantes do Leblon – endereço primeiro de nossas instalações –, enquanto promovem a limpeza da praia do bairro. Para que seja diversão garantida e um sucesso, além dos materiais (uniformes ou camisetas alusivas ao evento), parcerias estabelecidas e diferentes atividades planejadas (lúdicas e socioeducativas), é importante que haja gente suficiente para levar a cabo os objetivos pretendidos. A RalAção! pode e deve fazer uso de mídias tradicionais, como o rádio e os jornais, e também mobilizar as redes sociais – suas, dos amigos, clientes, parceiros, fornecedores, e dos amigos desses públicos diversos. Um *mix* entre o tradicional e o novo, a serviço de uma estratégia: a de mobilizar um bairro inteiro em torno da marca.

Para que o evento seja consistente, cabe também treinar as equipes que deverão supervisionar as principais atividades, e ter número suficiente de monitores para a parte socioeducativa, tais como estudantes de cursos técnicos de meio ambiente, biologia, artes, pedagogia, entre tantos outros. Com sorte, quem sabe nosso evento não se torna parte integrante do calendário da cidade?

A tecnologia proporcionou a democratização e o acesso ao mundo do conhecimento, entretenimento e lazer também às populações menos favorecidas, possibilitando sua inclusão social. Por outro lado, expôs fragilidades e novas preocupações quanto à segurança de dados, assim como passou a exigir maior responsabilidade quanto aos usos dessas informações. É a credibilidade de todo esse sistema e das partes envolvidas, direta ou indiretamente, quanto à disseminação das informações, já que esta pode afetar a reputação de pessoas a empresas. Você se lembra da campanha "Cala a boca, Galvão", surgida no Twitter durante a Copa de 2010?

Dicas:

a) Acompanhe os sites tradicionalmente reconhecidos para os assuntos de comunicação, usualmente mantidos e alimentados por entidades como a AMPRO,[29] ABA,[30] Ibope-Nielsen,[31] Meio & Mensagem[32] e BlueBus,[33] entre outros. Costumam contar as últimas novidades.
b) Independentemente do(s) indicador(es) que você usar, observe o conjunto de informações disponíveis, e não apenas o resultado isolado de determinado indicador.
c) Transmídia é a novidade técnica que conjuga e integra este novo ambiente a promoções e propaganda, em que uma marca cria e conta história própria e exclusiva, podendo dividir partes do enredo em cada um dos meios. Isso obriga o seguidor e/ou usuário a acompanhar os capítulos de diferentes formas, envolvendo-o e interagindo com ele.

Como mensurar esses esforços? Algumas das ferramentas já descritas para propaganda, promoções e relações públicas também se aplicam à mídia digital, desde que adaptadas. Há outras, ainda, específicas para esses diferentes meios, e aqui citaremos apenas as mais comuns, visto que a cada dia nascem novas maneiras individuais de mensurar esses esforços. Observe o quadro 10.

---

[29] Disponível em: <www.ampro.com.br>.
[30] Disponível em: <www.aba.com.br>.
[31] Disponível em: <www.ibope.com.br>.
[32] Disponível em: <www.mmonline.com.br>.
[33] Disponível em: <www.bluebus.com.br>.

Quadro 10
ALGUNS INDICADORES DE MÍDIA DIGITAL

Quantitativos	Qualitativos
Click-through – mostra o número de usuários que clicaram em um anúncio numa página da internet.	*Trending topics* – lista que traz, em tempo real, os assuntos ou nomes mais listados no Twitter.
Visitantes únicos – o número de novos visitantes, filtrados por seu protocolo de identificação (IP), que visitaram uma vez determinado site.	**Netnografia** – estudo dos hábitos e comportamento dos consumidores.
Pageviews – é o número de vezes que uma página da internet é vista.	**Comentários postados** – é possível não apenas quantificar os comentários deixados, como avaliar a marca – seja uma ação, imagem, mensagem etc.
Interações por SMS – o número de interações realizadas por SMS.	
Taxa de conversão – é o número de transações geradas, dividido pelo número de vezes em que o anúncio foi clicado.	

Entre os principais desafios dos profissionais de comunicação de todo o mundo, destacamos a capacidade de estabelecer uma medida de tempo entre sua possibilidade de receber a mensagem, assimilá-la e ter a mesma capacidade de emitir uma opinião em tempo real, que seja tecnicamente relevante, responsável e precisa. Ressaltamos, também, a dificuldade, ainda presente, de avaliar com precisão o conjunto de esforços dedicados à comunicação como um todo. Se cada ferramenta tem seus instrumentos específicos, será que bastaria apenas somá-los para se ter uma ideia do retorno do conjunto? Vamos nos basear exclusivamente nos mapas de vendas e nas pesquisas de *branding*? O uso crescente da comunicação integrada, conjugando os meios tradicionais com os digitais, requer indicadores integrados, que registrem e espelhem essa nova realidade multimeio. Infelizmente ainda não há disponíveis no mercado.

A flexibilidade e o bom-senso para reconhecer essas limitações são exigências de uma nova atitude, em que os envolvidos no processo deverão buscar estabelecer, conjuntamente, o que pode ser considerado "sucesso" para cada objetivo e conjunto de estratégias e ações táticas. Já para os fabricantes, o desafio é o da convergência, conjugando hardware e software, entre todas as opções de apetrechos tecnológicos, independentemente do meio observado.

Marketing de relacionamento

Vejamos agora como a inovação tecnológica nos permitiu chegar ao que hoje se chama marketing de relacionamento, e como este está deixando de ser uma estratégia para também se tornar uma nova forma de fazer marketing e comunicação. Afinal, é uma das ferramentas – ainda – que melhor possibilitam interagir com precisão.

Expressão e atividade que traduz e representa a evolução conceitual de uma sopa de letrinhas do que começou como marketing direto, ainda no início dos anos 1940. A ideia, na ocasião, era fazer uso das informações disponíveis a respeito dos consumidores para oferecer-lhes diferentes produtos e serviços, sem que eles ainda sequer os tivessem pedido. Eram as vendas diretas, habituais, mas não exclusivamente feitas via correio – fosse por meio de cartas ou envio de catálogos, posteriormente evoluindo para o telefone e/ou a televisão. Quem de nós nunca recebeu, em casa, um envelope lacrado com uma chave colada a ele, e uma frase alusiva à promoção, informando que você acabara de "ganhar a chave de sua casa própria"? Bastava fazer a assinatura da revista e... concorrer a uma casa. Hoje o conceito evolui para a venda por e-mail, somando-se aos meios já tradicionais.

Com a evolução tecnológica foi possível a reunião de diferentes informações, agrupando-as segundo nichos de públicos (os *clusters*) e hábitos, formando, assim, uma base de dados. Passou-se então à segunda fase, a de DBM (*database marketing*)[34] ancorado, eminentemente, em dois pilares: a tecnologia e as informações acerca dos consumidores, tratados com base em suas preferências "um a um".

Passou-se então à etapa seguinte, da sofisticação tecnológica e desenvolvimento de softwares específicos, que reconheciam as preferências e, automaticamente, possibilitavam agrupar pessoas com os mesmos interesses. Assim nasce o CRM (*customer relationship marketing*), que pode ser traduzido como o marketing de relacionamento com os clientes. Entre as premissas envolvidas, a principal é: o cliente torna-se o foco dos esforços das empresas, e não mais os produtos ou serviços por elas produzidos. A marca passa a se relacionar com nichos de clientes que integram uma base de dados, na qual os diferentes clientes são agrupados segundo informações sociodemográficas comuns, entre tantas outras formas de segmentação. Você se lembra de quando discutimos a segmentação do público-alvo, no capítulo "Ligando os pontos"? Pois bem, esse é um dos momentos mais importantes para ter essas informações completas, pois irá permitir tratar a multiplicidade de clientes de forma quase individual. Tudo em prol de estreitar-se o relacionamento e envolvimento com a referida marca, visando a aproximação com o cliente e a consequente busca por sua lealdade.

Para McKenna (1992), considerado o pai do marketing de relacionamento, o novo marketing preconiza a integração dos clientes com a empresa em todos os momentos do relacionamento, participando ativamente de todas as fases, a fim de construir relacionamentos duradouros. Veja o seguinte trecho:

---

[34] Ou "marketing da base de dados", em tradução livre.

O comerciante tem que ser integrador [...], levando o cliente para dentro da empresa como participante do processo de desenvolvimento e adaptação de mercadorias e serviços. É uma mudança fundamental no papel e objetivo do marketing: da manipulação do cliente à verdadeira participação do cliente; de dizer e vender a comunicar e partilhar conhecimentos; do último lugar ao campeão em credibilidade entre as empresas [McKenna, 1992:5].

Observe, caro leitor, quantos cartões você utiliza, sejam de crédito ou referentes a uma companhia seguradora do carro, apenas para citar dois exemplos. Esses cartões provavelmente lhe oferecem descontos no pagamento de estacionamentos fechados, com serviço de manobristas, ou disponibilizam salas VIP em aeroportos, onde é possível beber refrigerantes, comer salgadinhos e usar a internet sem custo, além de outros confortos, enquanto aguarda seu voo. No fundo, são formas sutis de mantê-lo atrelado a essas companhias e a seus respectivos produtos e serviços.

A esta altura você deve estar se perguntando se marketing de relacionamento é apenas uma ferramenta de comunicação ou toda uma filosofia empresarial. Acertou na mosca! Atualmente, o conceito e prática evoluíram para estreitar ainda mais esse relacionamento, tratando os clientes individualmente, ainda que em massa. Trata-se de um novo ambiente, mais informal, próximo, interativo, visando, inclusive, o desenvolvimento de novos produtos e/ou serviços e valores que pretendem fortalecer ainda mais esses laços, assegurando longevidade ao relacionamento entre as partes. Implica uma visão de processo de longo prazo, e há intrínseca relação com a confiança entre as partes, visto que a empresa passa a ter acesso a informações, mesmo confidenciais, de seus clientes.

Há inúmeras discussões sobre objetivos, estratégias, atribuições e responsabilidades mesmo dentro dos próprios departamentos de marketing, vendas e comunicação. Independentemente da realidade empresarial, visto que cada organização tem a sua, o fato é que se busca, a cada dia, estar mais próximo dos consumidores e clientes, ouvindo-os, com o intuito de apresentar-lhes as soluções buscadas. Com isso, assegura-se a recompra das marcas envolvidas. O ideal é oferecer-lhes até itens com que sequer sonham, despertando nesses clientes o desejo de adquirir determinados bens ou serviços.

Algumas práticas do marketing de relacionamento se misturam tanto às promoções institucionais quanto às de vendas – eventos ou brindes, por exemplo. Se você pensar de forma mais abrangente, todas são formas de comunicação e têm o cliente no centro das atenções. Só que a tecnologia exerce um papel fundamental no processo de relacionamento, pois, além de filtrar as informações, permite conhecer o histórico daquele grupo. Ainda no início dos anos 1990, a dupla Peppers e Rogers (1994) propôs o método Idic, cujas iniciais nos remetem a *identificar, diferenciar, interagir* e *customizar*, como forma de estarmos continuamente voltados para o cliente. Na prática, esse método sugere que as empresas busquem formas de identificar seus principais clientes (hábitos de compra, frequência de repetição, por exemplo), diferenciando-os dos demais, seja pelo volume de vendas, pelo valor ou rentabilidade, entre outros indicadores. A interação pressupõe desde o envio de um e-mail de aniversário até a pesquisa (de satisfação, sugestões etc.). E a customização envolve as informações anteriores, recolhidas e ajustadas às necessidades de determinado grupo de clientes.

A título de exemplo, poderíamos aproveitar, simultaneamente, a Gincana Verde RalAção! ou a PedalAção! e fazer convites para brincadeiras e testes, por meios celular e digital, sobre cuidados com o ambiente. Respostas seriam dadas pelo Twitter e por SMS, com direito a brindes oferecidos pelos parceiros.

Além disso, a RalAção! poderia instituir o programa *member get member*,[35] para a captação de novos alunos. O aluno que conseguisse um novo aluno receberia 25% de desconto na mensalidade. Se conseguisse quatro, não pagaria naquele mês. A divulgação seria por meio de SMS e do site da RalAção, com informações da academia e uma ficha para identificar os dados do potencial aluno.

Por último, criaria o Clube da RalAção!, plano de convênios e benefícios com restaurantes, lojas, teatros, farmácias e salões de beleza que concedem descontos para os alunos da academia. Como reforço da divulgação e promoção institucional da academia, seria criado um jornal mensal, tanto em versão eletrônica quanto impressa, distribuído gratuitamente nos estabelecimentos parceiros, trazendo desde dicas de alimentação balanceada até a cobertura fotográfica das atividades do mês, passando pela coluna de um novo aluno a outra escrita pelo aluno mais assíduo, ou que fez mais progressos naquele mês, entre outros tópicos. Veja, leitor, apenas exemplos do universo ilimitado *possível*.

Dicas:

a) Observe que há um código de ética que rege essas relações, sob pena de invadir a privacidade do cliente em potencial e ainda despertar a ira dele.[36]

b) Está provado que manter relacionamentos duradouros com clientes é mais barato e pode ser mais rentável do que caçar novos clientes. Portanto, pense sua base de informações com inteligência e mentalidade de processo – quanto mais longo e profundo, maiores serão as possibilidades de obter a lealdade de sua base de clientes.

---

[35] Associado traz associado, em tradução livre.
[36] Disponível em: <www.abemd.org.br/AutoRegulamentacao/CodigoEtica.aspx>. Acesso em: 12 abr. 2011.

c) Mantenha a base de dados atualizada. O custo, por vezes alto, é menor do que o constrangimento de enviar, reiteradamente, correspondência para pessoas que, inclusive, já morreram... Pior ainda se a tentativa de contato tiver sido via telefone.

d) Ouça seus clientes. Se sua empresa tem um ou mais canais de relacionamento – de SACs a blogs ou páginas em redes de relacionamento, apenas para citar alguns –, dê-se o trabalho de responder às dúvidas, com a maior brevidade possível, e agradeça as sugestões enviadas – mesmo que não as utilize.

e) Descubra o que seus clientes consideram efetivamente valor. O que para eles pode ser considerado importante, por vezes nem é tão dispendioso implantar. E, se for caro, reavalie, internamente, o quanto esse diferencial poderá trazer em termos de retorno.

f) Informe, treine e provoque motivação em seus empregados, de modo que entendam a importância de uma atitude proativa, sistemática e paciente. Afinal, a própria filosofia de qualidade total prega que "o cliente tem sempre razão".

g) Atenção à precisão e clareza das informações nos diferentes meios e canais de comunicação; elas devem ser unificadas e assertivas.

h) Monitore as ações da concorrência: ela pode surpreendê-lo.

Como mensurar esses esforços? Similarmente às formas anteriormente descritas, para o marketing de relacionamento também haverá indicadores tangíveis e intangíveis, dependendo de seus objetivos. Talvez esta ferramenta permita verificar resultados concretos e tangíveis mais rapidamente, uma vez que é possível, com o auxílio da tecnologia, cruzar vendas com sua base de clientes e os esforços de comunicação empreendidos em determinado período de tempo. Assim você poderá acompanhar o que faz e, entre as ações empreendidas, as que geram resultados significativos se comparadas a outras não tão eficazes.

Além de aspectos já citados para outras ferramentas, sugerimos que você promova pesquisas que indiquem:

- satisfação de clientes – há pesquisas específicas, e o ideal é que sejam feitas por empresas externas, pois asseguram maior confiabilidade aos clientes;
- expectativas do cliente – novamente trata-se de pesquisas específicas, que podem colaborar até no desenvolvimento de novas embalagens, produtos, serviços. Uma vez levantadas as diferentes expectativas, a empresa poderá priorizá-las, e ir implantando o que for possível.

E, por fim, acompanhe desde os prazos de resolução de problemas até as respostas dadas. Afinal, sua empresa disponibilizou uma série de meios e canais, você empreendeu esforços e é preciso o respectivo acompanhamento. Do contrário, terá apenas gasto dinheiro. Além de não tê-lo investido, dedicou tempo, energia, pessoas e processos, por vezes complexos, cuidando do atendimento aos clientes.

As novas mídias indicam que o mais importante meio de comunicação dos próximos anos deverá ser o telefone celular, que deixará definitivamente de ser apenas um telefone para ser um veículo individual multimídia, para o qual convergem todas as outras ferramentas, instrumentos e meios de comunicação já conhecidos. Nele poderemos assistir à TV, conversar com os amigos, enviar imagens, ter acesso aos maiores bancos de informação do mundo, apenas para citar algumas possibilidades. Com um simples toque no seu aparelho você poderá pagar contas, fazer reservas de hotéis, comprar ingressos, medir temperatura e pressão arterial.

A inspiração e possibilidades criativas dentro deste novo universo são incomensuráveis. Hoje, nenhuma campanha publicitária tem como plataforma a não utilização da internet como mídia fundamental para seu sucesso, até por seu baixo custo e longo alcance. Empresas e veículos de comunicação que não estiverem sintonizados com esta nova realidade estarão fadados ao insucesso.

O futuro, hoje, já está velho, visto que se renova a cada minuto, numa velocidade surpreendente, com desdobramentos por nós ainda desconhecidos. Todos estamos aprendendo juntos – à medida que participamos, colaboramos e desenvolvemos de notícias a programas, de jogos a novos aplicativos – como usar e se comportar diante de um novo mundo da comunicação, tanto como meio quanto no que diz respeito a forma e mensagem. Mais do que nunca, cabe estudar, pesquisar, ter bom-senso e responsabilidade para entender como se comportar diante de um horizonte ilimitado, de alcance inimaginável, e que não sabemos ao certo o que irá descortinar.

Neste capítulo, abordamos as novas ferramentas de comunicação trazidas por meio da inovação tecnológica, atentando para o fato de estarem elas em constante inovação e aperfeiçoamento. A dinâmica do mundo moderno e a velocidade com que a comunicação ocorre acabam por impor, a todo instante, ferramentas alternativas que, igualmente, passam a compor o rol das possibilidades das estratégias em marketing.

Nesse cenário de constantes mudanças é essencial que o profissional de comunicação conheça o universo da legislação aplicável a sua atividade, de modo a evitar que, por descuido, venha a pôr em risco a organização para a qual trabalha, ou mesmo provocar danos à sociedade como um todo. E isso é assunto para o nosso próximo capítulo.

8

Enquadrando a obra

O presente capítulo apresenta os aspectos mais importantes da legislação aplicável tanto à propaganda quanto às promoções, com a normatização das atividades defendendo todas as partes envolvidas. Com isso, possibilitamos a você identificar os relacionamentos entre os vários agentes envolvidos em todo o processo da comunicação integrada de marketing, além das limitações que as leis e normas impõem ao cenário contemporâneo.

Agências

O conceito de agência de propaganda encontra-se no art. 6º do Decreto nº 57.690/1966, que define:

> Agência de propaganda é a pessoa jurídica especializada nos métodos, na arte e na técnica publicitários, que, através de profissionais a seu serviço, estuda, concebe, executa e distribui propaganda aos Veículos de Divulgação, por ordem e

conta de clientes anunciantes, com o objetivo de promover a venda de mercadorias, produtos e serviços, difundir ideias ou informar o público a respeito de organizações ou instituições a que servem.

Os grandes doutrinadores (pessoas respeitadas no meio jurídico que influenciam a interpretação da lei), assim como a jurisprudência (conjunto de decisões judiciais que apontam tendências a serem seguidas em julgados posteriores), entendem que, no caso de publicidade enganosa ou abusiva – que serão conceituadas posteriormente –, as agências de publicidade respondem solidariamente com o fornecedor. Explica-se: caso a empresa veiculante (um fornecedor que fabrica determinado produto, por exemplo) venha a ser acionada judicialmente em virtude de ter lesado o consumidor, também a agência que promoveu a venda de tal produto pode ser chamada a responder pelo dano causado. Da mesma forma, os veículos de comunicação que realizaram a veiculação.

A explicação legal para isso é simples: entende-se que todos aqueles que têm lucro com a veiculação (fornecedor/fabricante, agência de publicidade e veículo de comunicação) devem responder por uma possível indenização. É a máxima do direito: "quem tem bônus com determinada atividade arca com os ônus decorrentes dela".

CONAR e CENP

O Código de Ética dos Profissionais de Propaganda contribui para determinar a conduta das agências no sentido de não burlar a legislação e os interesses do consumidor. É por meio de tal documento, que contém 50 artigos e 19 anexos, que se disciplinam as normas éticas a serem obedecidas pelos anunciantes e agências de publicidade na elaboração de seus anúncios. O texto foi aprovado pela comunidade publicitária no III Congresso Brasileiro de Propaganda, realizado em São Paulo no ano de 1978, e é o que orienta toda a ação do Conselho de Autorregulamentação Publicitária (CONAR).

O CONAR "é uma ONG, fundada e mantida pela propaganda brasileira, ou seja, pelas agências de publicidade, por empresas anunciantes e veículos de comunicação" (conforme se lê na seção "Dúvidas frequentes" do site). Sua função é a fiscalização dos princípios éticos da propaganda comercial veiculada no Brasil, norteando-se pelas disposições contidas no Código de Ética Publicitária.

Assim, caso alguém (consumidor, concorrente ou autoridade pública) se sinta prejudicado ou ofendido por determinado anúncio, poderá apresentar queixa ao Conar. A principal ideia é que, no exercício de sua cidadania, o consumidor, denunciando o anúncio que eventualmente o tenha prejudicado ou ofendido, impeça que outros consumidores venham a sofrer os mesmos impactos negativos. De tal forma estará contribuindo para o aprimoramento da propaganda brasileira, impedindo que anúncios de má-fé, enganosos ou abusivos venham a prosperar impunemente.

Um ótimo exemplo encontra-se disponível na internet.[37] Trata-se de um anúncio das sandálias Havaianas, em que uma vovó conversa com a neta fazendo menção ao tema sexo. Tendo em vista que alguns consumidores sentiram-se ofendidos

---

[37] Disponível em: <www.youtube.com/watch?v=eRajwoZmc1U&feature=related>. Acesso em: 15 jun. 2010.

pelo anúncio, a empresa o retirou do ar, permanecendo com a veiculação apenas pela internet.

Além dessa atuação, o serviço de monitoria do próprio CONAR também trabalha no sentido de detectar eventuais falhas. Ou seja, nas hipóteses de publicidade enganosa ou abusiva, inicia-se um processo (efetivado por conselho representado por membros dos diversos setores envolvidos – agências de publicidade, anunciantes, veículos de comunicação, bem como consumidores) que determinará o exame do anúncio pelo Conselho de Ética.

Como resultado final, a recomendação do Conselho poderá determinar a alteração do anúncio ou impedir que ele venha a ser veiculado novamente. A decisão poderá, ainda, propor a advertência do anunciante e/ou sua agência e, excepcionalmente, a divulgação pública da reprovação do CONAR.

Quando o anúncio for denunciado pelo CONAR, o anunciante e a agência terão prazo formal para se defender ou oferecer esclarecimentos. Essa defesa será anexada ao processo, e um membro do Conselho de Ética, designado como relator, estudará o caso e emitirá sua opinião. Em sessão de julgamento da respectiva câmara, o assunto será debatido e levado a votos. Dessa decisão, sempre cabe recurso.

A título de exemplo, valemo-nos do caso enunciado a seguir.

Representação nº 119/1990[38]

Denunciante: Conselho Superior do CONAR, mediante ofício da Polícia Militar de São Paulo

Denunciado: anúncio "Evite a raiva"

Anunciante: Copersucar Cooperativa de Produtores de Cana, Açúcar e Álcool S.A.

Agência: AAB, Ogilvy & Mather Ltda.

Relatora: Consª Eliana Cáceres

O anúncio
Veiculado em rádio sob a designação "No ar, dicas Copersucar", informava o seguinte: "Agosto é mês da vacinação contra a raiva. Raiva também é aquilo que dá quando o guarda faz sinal para você parar e você lembra que o seu veículo tem final 5 ou 6 e não está licenciado. Evite a raiva e a mordida licenciando o seu veículo. Até a próxima dica. Copersucar."

A representação
Foi acionada por ofício da Chefia da Seção de Assuntos Civis da Polícia Militar do Estado de São Paulo que, fazendo algumas considerações sobre o anúncio, propõe que a agência de publicidade autora da vinheta fique ciente do repúdio manifestado pela corporação militar. O processo fundamentou-se nos arts. 1º, 3º, 6º e 19 do CBARP.

A defesa
Apresentada pela agência, demonstrou surpresa com o conteúdo da representação, pois o anúncio buscara, por meio de uma nota bem-humorada, prestar um serviço público, lembrando o consumidor de que os veículos deveriam ser licenciados na data para isso aprazada, evitando contrariedades etc. Em nenhum momento há, no spot, alusão de que a "mordida" seria do policial.

O relator
Admitiu a intenção exposta na defesa, uma vez que a intenção maior dedicada pelo anúncio é quanto à conveniência de licenciarem-se os veículos nos devidos prazos, embora admitisse, também, que o texto, por sua ambiguidade, pudesse dar margem a interpretações errôneas.

A decisão
A maioria da Câmara, no entanto, assim não entendeu. O anúncio foi considerado gratuitamente ofensivo aos integrantes da Polícia Militar de São Paulo e a sustação de sua veiculação foi, afinal, recomendada.

---

[38] Fonte: <www.conar.org.br/>. Acesso em: 13 set. 2010.

É importante saber, leitor, que as decisões do CONAR são rigorosamente respeitadas pelos veículos de comunicação, que não voltarão a veicular o anúncio reprovado. Se for o caso de o anúncio não ofender qualquer dispositivo do Código Brasileiro de Autorregulamentação Publicitária, a denúncia será arquivada. Veja um exemplo em que isso ocorreu.

Representação nº 040/1986[39]

Denunciante: CONAR, de ofício, mediante queixa da Associação de Proteção do Consumidor do RS
Denunciado: anúncio "Cowboy"
Anunciante: Móveis Carrato S.A.
Agência: Raul Moreau Propaganda Ltda.
Relator: Conselheiro Pedro Atílio Cesarino

O anúncio

Mostrava cena em que crianças, brincando com trajes de índios de cinema, tentavam alvejar uma empregada doméstica com setas de borracha.

A denúncia

Apresentada por associação de defesa do consumidor, entendeu que essa ação demonstra uma agressão, e que poderia levar as crianças a pensar que, quando forem adultos, poderão usar pessoas humildes ou mais fracas como alvo, sem que haja qualquer implicação de responsabilidade para com o prejudicado ou com a lei.

A representação

Oferecida pelo CONAR, sempre atento em relação aos anúncios dirigidos ou protagonizados por crianças, fundamentou-se nos arts. 1º e 20 do CBARP.

A defesa

Interposta pela agência, refutou qualquer infração ética imputada ao anúncio. Essa peça, afirmou, é dirigida aos pais e não às crianças, pois o produto apregoado seriam móveis. Além disso, o comercial não contribuiria para qualquer distorção psicológica ou comportamento antissocial das crianças, pois reflete uma situação normal em casas de família.

"Qual a criança sadia, alegre, que não faz brincadeiras como as retratadas no comercial? É certo que todas. E quem sabe se nós todos, algum dia, não nos deliciamos com os jogos de esconde-esconde, lutas; que bom era brincarmos de mocinho e bandido, quando nos considerávamos o grande herói que enfrentava vários índios ferozes a um só tempo!"

Concluiu a defesa que a cena, afinal, pretende apenas enfatizar que os produtos apregoados seriam, pela sua funcionalidade e resistência, capazes de suportar o dia a dia das crianças.

O relator

Após promover o relatório do processo, emitiu o seguinte parecer:

"A publicidade ora reivindica o papel de pioneira ou de inovadora (veja-se o caso dos anúncios que exibem corpos nus) ora se escusa, como no caso presente, no fato de estar apenas repetindo o que já é comum na vida da sociedade.

O CONAR já salientou, em inúmeras oportunidades, que se ocupa dos anúncios, e não da linha editorial imprimida pelos veículos. Assim, não é relevante para a defesa de um anúncio o argumento de que coisas piores estejam sendo exibidas em novelas ou na programação normal de uma emissora de TV. E, muito menos, o comportamento que as crianças, hoje em dia, mantenham em suas casas.

Continua

---

[39] Fonte: <www.conar.org.br/>. Acesso em: 1 mar. 2010.

> O CONAR cuida, isto sim, que a publicidade não venha a sublinhar ou enaltecer ou ainda aceitar atitudes antissociais e discriminatórias. É o que vem recomendado no art. 1º do CBARP (Todo anúncio deve ser respeitador) e reforçado no art. 20 (Nenhum anúncio deve favorecer ou estimular qualquer espécie de ofensa ou discriminação social), além do aconselhado no art. 6º (Toda a publicidade deve estar em consonância com os objetivos do desenvolvimento e da educação). Por isto, dou razão à denúncia e recomendo a sustação da veiculação do comercial."
>
> **A decisão**
> Prolatada pela maioria da Câmara, deixou de acolher esse voto e recomendou o arquivamento do feito, com fundamento no art. 24, nº I, letra "a", do Regimento Interno, por entender que o anúncio reproduz cena que mostra, com naturalidade, uma situação corriqueira entre crianças.

Em busca também da boa prática no mercado publicitário, criou-se o Conselho Executivo das Normas-Padrão (CENP), órgão orientador dos agentes deste mercado. Trata-se de uma entidade criada pelo mercado publicitário em 1998, para fazer cumprir as normas-padrão da atividade publicitária, documento básico que define as condutas e regras das melhores práticas éticas e comerciais entre os principais agentes da publicidade brasileira. A instituição possui 22 representantes entre agências de propaganda, anunciantes, veículos de comunicação e governo federal. Nesse momento, cabe esclarecer a exata distinção entre os dois órgãos[40] – CONAR e CENP –, uma vez que têm atribuições diversas.

O CENP é o órgão responsável por regulamentar a organização interna e o funcionamento das agências de publicidade, sendo responsável por fornecer o certificado que autoriza seu funcionamento. Ou seja, para criar uma agência de publicidade, é necessário efetuar o pedido de autorização ao órgão. Se concedida, a autorização pode ter validade variando de um a cinco anos, e a licença obtida deve ser renovada a cada vencimento. Diferentemente do que ocorre com o código do CONAR, o regulamento do CENP possui força legal.

No entanto, quando se fala da fiscalização do conteúdo dos trabalhos efetivamente elaborados por uma agência, como

---

[40] Para mais informações, ver: <www.cenp.com.br> e <www.conar.org.br>.

anúncios e *outdoors*, tal tarefa é de responsabilidade do Conselho de Autorregulamentação Publicitária (CONAR).

Como já visto, a principal função de ambos é evitar as propagandas enganosas e abusivas que possam prejudicar o consumidor. Assim, apesar de serem órgãos diferentes e terem funções distintas, o CONAR e o CENP garantem, tanto para os consumidores quanto para os anunciantes, um bom serviço por parte das agências de publicidade, seja no funcionamento da agência, seja nos trabalhos que apresentam.

Publicidade

O Código Brasileiro de Autorregulamentação Publicitária define publicidade como "toda atividade destinada a promover instituições, conceitos e ideias". Na mesma linha é conceituada pelo Decreto nº 57.690/1966: "qualquer forma remunerada de difusão de ideias, mercadorias, produtos ou serviços que parte de um anunciante identificado".

Mediante tais definições, fica evidenciado o conflito conceitual entre publicidade e propaganda, conforme abordamos anteriormente. Embora a legislação não esclareça as diferenças conceituais entre propaganda e publicidade, o fato é que, no mercado, percebe-se que:

a) ambos são utilizados como sinônimo de comunicação;
b) convencionou-se empregar o termo *propaganda* para todas as formas pagas de veiculação de mensagens e *publicidade* para as formas gratuitas desses esforços, principalmente oriundas da mídia espontânea, ainda que não exclusivamente.

A publicidade deixou de ter papel majoritariamente informativo para influir na vida do cidadão de maneira a mudar hábitos e até ditar comportamentos. Trata-se, como se vê, de poderoso instrumento de influência do consumidor nas relações de consumo, atuando também nas fases de convencimento e decisão de consumir.

Em razão disso o consumidor, muitas vezes, é levado a consumir, exposto à publicidade e à propaganda massivas que o cercam em todos os lugares e momentos de seu dia a dia. O consumidor responde a esses estímulos quase sempre sem discernir corretamente. É o que o direito chama de *vício de consentimento*. Ou seja, pelo consumidor não há possibilidade de reflexão, de consentimento refletido. A pessoa age pela emoção, embotada em seu juízo crítico, já que é bombardeada por um imenso volume de informações trabalhadas de forma atraente, sedutora e convidativa.

Revelado tal aspecto, impunha-se a preocupação protetiva ao consumidor. Surgem, então, mecanismos e organismos que viriam a tutelar aquele que se vê vulnerável diante de tantos apelos ao consumo. Um bom exemplo são as facilidades apresentadas por instituições financeiras que oferecem empréstimos aparentemente simplificados, sem comprovação de renda e de forte apelo emocional. Os mais desesperados tomam esses empréstimos e, aos poucos, percebem que, embora o crédito ofertado tenha sido fácil na sua concessão, é quase impraticável pagá-lo em dia, em razão dos juros exorbitantes que são praticados. Algum tempo depois da contratação o consumidor se vê diante de uma dívida crescente e difícil de ser administrada. A esse tempo, provavelmente, seu nome estará sujo, engrossando as listas dos cadastros de maus pagadores, como SPC e Serasa.

O Código de Defesa do Consumidor (CDC)

Em 1990, o nascimento do Código de Defesa do Consumidor instituiu medidas importantes para toda a sociedade, em razão da proteção que trouxe aos cidadãos. Com isso, a legislação reprime a publicidade enganosa, ou seja, todo apelo publicitário tem de estar embasado em comprovação técnica e científica. Da mesma forma, impede a publicidade abusiva, aquela que afronta os princípios éticos da sociedade. Outro avanço é que ela enseja a aplicação de sanções administrativas, como a contrapropaganda, trazendo a possibilidade da exteriorização de correção de informação anteriormente fornecida. Ou seja, quem pratica a abusividade obriga-se a repará-la, por meio de uma outra veiculação que corrija a equivocada. Além disso, vincula o fornecedor à oferta publicitária, ou seja, obriga-o a cumprir o ofertado, na forma como oferecido, sob pena de sanções. Assim, caso o fornecedor faça, por exemplo, a veiculação do anúncio ofertando um brinde quando da compra de determinado produto, restará a ele a obrigação da entrega do mencionado presente.

Princípios norteadores da publicidade no CDC

O texto do Código de Defesa do Consumidor (Lei nº 8.078/1990) permite que sejam extraídos princípios norteadores da atividade publicitária em seu relacionamento com o consumidor, como veremos a seguir.

Princípio da identificação da publicidade

A veiculação da publicidade deve ser de tal forma que o consumidor, fácil e imediatamente, a identifique como tal. O objetivo é restringir a publicidade clandestina, ou seja, proibir o recurso da mensagem implícita, indireta; aquela que não é ostensiva e clara, mas velada, inclusive a subliminar. Subliminar é tudo aquilo que está abaixo do limiar, aquilo que, conscientemente, não há como ser detectado. Aquele tipo de mensagem que não pode ser captada diretamente pelos sentidos humanos, e que leva o consumidor a achar que determinado produto, serviço ou marca vai resolver seus problemas. Previne-se assim, por exemplo, a aparição dos produtos na TV – tais como carros e bancos, em situação normal de consumo – sem declaração evidente de que se trata de um anúncio publicitário.

Devemos ressaltar que, apesar de considerado válido pelo marketing, para o direito o *merchandising* é vedado, recebendo o tratamento de publicidade clandestina quando não for feita qualquer menção para que o receptor desconfie de que se trata de um anúncio publicitário (Masso, 2009:94).

Um bom exemplo foi o realizado na novela *Dancing days*, em 1980 (Calazans, 1992:72). Até o início de 1979, a Staroup vendia mensalmente 40 mil calças jeans. Na novela, Sônia Braga, símbolo sexual na época, dançava constantemente em frente a um letreiro luminoso da marca Staroup. Após a estreia da novela, a produção mensal de 300 mil calças ficou insuficiente para atender à demanda do mercado.

Outro caso clássico é descrito por Joan Ferrés (1998:218):

> A firma Chanel considera que se obtem mais com uma frase ocasional e intencional de Marilyn Monroe, do que com 30 anos de investimento publicitário nos meios de comunicação. O caso é bem conhecido. Durante uma entrevista convencional, o jornalista pergunta a Marilyn, com ar picaresco, o que ela gosta de usar para dormir. A atriz responde que usa apenas uma gota de Chanel nº 5. Uma resposta engenhosa... e uma campanha de grande eficácia e gratuita para Chanel. Não em termos de argumentação, mas da transferência, ao produto, dos valores que Marilyn encarnava.

Princípio da veracidade

A publicidade deve ser honesta. Deve conter uma apresentação verdadeira do produto ou serviço oferecido, assim como não pode omitir informação que seja relevante ao consumidor, com o propósito de enganá-lo. Visa manter informado o consumidor, para assegurar-lhe a escolha livre e consciente, sem induzi-lo a erro. Busca coibir a publicidade enganosa. Um excelente exemplo de não atendimento a esse princípio seria o antigo e recorrente anúncio de remédio "milagroso" para quaisquer dores.

Princípio da não abusividade

A publicidade deve preservar valores éticos de nossa sociedade e não induzir o consumidor a situação que lhe seja prejudicial. Este princípio tenta afastar a publicidade abusiva. Para ilustrar a questão relativa à abusividade, buscamos um exemplo citado por Chaise (2001:41). Trata-se de uma ação civil pública promovida por associação de proteção ao consumidor perante a 7ª Vara Cível de Porto Alegre, referente a dois filmes publicitários da Nestlé. No primeiro filme, chamado *Armazém*, meninos invadem furtivamente um estabelecimento comercial para se apropriar e comer guloseimas da marca em promoção, quando são surpreendidos pelo guarda. Este, no entanto, escorrega em bolinhas de gude espalhadas pelos garotos para cobertura da fuga. No segundo filme, chamado *Perereca*, meninos armados com nojentas pererecas entram na casa de meninas, suas vizinhas, e, para conseguirem as guloseimas da marca em promoção, que se encontram na geladeira, ameaçam-nas com os pegajosos anfíbios. Os dois filmes traziam condutas que a sociedade considera não adequadas, aéticas.

Princípio da transparência na fundamentação

A publicidade deve fundar-se em fatos técnicos e científicos que comprovem a informação veiculada. Então, ao ofertar, por hipótese, um *shake* para emagrecimento, há que ser explicitado que a simples ingestão do produto, sem diminuição de calorias ingeridas, não gerará o efeito prometido. O consumidor tem de ter ideia clara e precisa acerca do que é ofertado.

Princípio da inversão do ônus da prova

Constata que o consumidor dificilmente tem condições técnicas e econômicas de provar os desvios da atividade publicitária. Assim, incumbe ao patrocinador da oferta (um fornecedor de determinado produto ou serviço, por exemplo), principal beneficiário da mensagem, o encargo da prova da veracidade e correção do que foi veiculado. Nas palavras de Bittar (1995:51):

> Trata-se, pois, de ação tendente a instruir, ilegitimamente, o consumidor, a respeito de bens ou serviços oferecidos, condicionando o seu comportamento para a respectiva aquisição ou fruição; daí por que se desloca para o patrocinador o ônus da prova da veracidade e da correção da informação ou da comunicação publicitária.

Assim, caso o consumidor alegue, por exemplo, que foi lesado em razão da falta ou falha de determinada informação sobre um produto, caberá ao fornecedor fazer a prova de que proveu a informação. Imagine, por exemplo, que uma consumidora, atraída pelo anúncio de rejuvenescimento prometido por determinado creme facial, tenha seu rosto todo queimado pelo referido produto. Será o fabricante do creme quem terá de fazer a prova de que informou que apenas consumidoras não alérgicas poderiam utilizar o creme.

Princípio da obrigatoriedade do cumprimento

A publicidade integra o contrato que vier a ser celebrado e obriga o fornecedor a cumprir a oferta veiculada. Objetiva vedar o anúncio de mera atração de clientela. Um bom exemplo desta situação seria o caso de uma construtora que entrega prospecto em que se vê quadra poliesportiva e piscina. O consumidor, atraído pela possibilidade de recreação para os filhos, adquire o imóvel. Quando as chaves do apartamento lhe são entregues, a quadra não está construída.

Oferta

A oferta, dentro do nosso ordenamento jurídico, é a declaração inicial de vontade para um futuro contrato. O contrato é bilateral, mas há a necessidade de que "alguém tome a iniciativa de propor o negócio, dando início à formação do contrato" (Marques, 2002:599). Dessa forma,

> sendo a oferta o momento que antecede a conclusão do ato de consumo, deve ser precisa e transparente o suficiente para que o consumidor, devidamente informado, possa exercer o seu direito de livre escolha [Almeida, 2000:106].

A evolução das relações de consumo conduziu à necessidade de novo tratamento atinente à oferta. A escassa regulamentação pressupunha a igualdade das partes e tinha presente o entendimento de que a oferta se dava entre pessoas determinadas: proponente e aceitante.

Fruto dessa insuficiência normativa e da constatação de que a oferta nas relações de consumo poderia se dar entre pessoas indeterminadas, alcançando tanto o consumidor efetivo (aquele que atua adquirindo produtos ou serviços) quanto o potencial (aquele que está propenso a consumir ou exposto às práticas de consumo, como oferta, publicidade e práticas abusivas), verificou-se que este último também merecia proteção especial da lei. Assim nasce o Código de Defesa do Consumidor (CDC), trazendo uma proteção àquele que é considerado vulnerável na relação contratual de consumo, ou seja, o consumidor.

Este, em razão de seu desconhecimento técnico acerca do produto ou do serviço, merece ser plenamente orientado pelo fornecedor, que detém total ciência daquilo que é colocado no mercado de consumo.

Requisitos da oferta

Assim dispõe o art. 30 do CDC:

> Toda informação ou publicidade, suficientemente precisa, veiculada por qualquer forma ou meio de comunicação com relação a produtos e serviços obriga o fornecedor que fizer veicular ou dela se utilizar e integra o contrato que vier a ser celebrado.

Todavia, não basta ter informação acerca do ofertado. É preciso que essa informação, conforme orientação do art. 31 do CDC, tenha qualidade. Veja o que diz o texto legal:

> A oferta e apresentação de produtos ou serviços devem assegurar informações corretas, claras, precisas, ostensivas em língua portuguesa sobre suas características, qualidades, quantidades, composição, preço, garantia, prazos de validade e origem entre outros dados, bem como sobre riscos que apresentam a saúde e segurança dos consumidores.

Assim, as informações devem ser verdadeiras e corretas, guardando correlação com as reais características do produto ou serviço, redigidas em linguagem clara e em português, lançadas em lugar e forma visíveis.

Em caso de oferta por telefone ou reembolso postal, há um requisito extra, previsto no art. 33 do Código de Defesa do Consumidor: para possibilitar a responsabilização, o nome do fabricante e seu endereço deverão constar, obrigatoriamente, na embalagem, na publicidade e nos impressos utilizados na transação comercial.

Da mesma forma, a proteção ao consumidor é demonstrada no art. 49 do CDC. Esse artigo evidencia a possibilidade de o consumidor exercer seu direito de arrependimento nas compras feitas fora do estabelecimento comercial. Assim, todas as vezes em que a venda não for presencial, o comprador poderá se arrepender da compra em até sete dias, contados do dia da contratação ou do recebimento do produto. Por seu turno, o fornecedor terá de devolver imediatamente, com a devida correção monetária, todos os valores já eventualmente pagos.[41]

Quanto às informações de ofertas de produtos e serviços vendidos pela internet, segundo Benjamim (2005:280), guardam ainda outras dificuldades:

> As transações pela internet não foram tratadas especificadamente pelo CDC. No entanto, em especial naquelas cuja conexão com o terminal do consumidor se dê pela rede telefônica, é aplicável o disposto no art. 33.

Campo de abrangência da oferta

No campo específico das relações de consumo, oferta é toda proposta de fornecimento de produto ou serviço, mediante apresentação, informação ou publicidade, que tem como finalidade alcançar o consumidor como provável cliente. Desde que

---

[41] CDC: "Art. 49. O consumidor pode desistir do contrato, no prazo de 7 dias a contar de sua assinatura ou do ato de recebimento do produto ou serviço, sempre que a contratação de fornecimento de produtos e serviços ocorrer fora do estabelecimento comercial, especialmente por telefone ou a domicílio. Parágrafo único. Se o consumidor exercitar o direito de arrependimento previsto neste artigo, os valores eventualmente pagos, a qualquer título, durante o prazo de reflexão, serão devolvidos, de imediato, monetariamente atualizados".

a ação tenha por meta atingir o consumidor para municiá-lo de informações, para atraí-lo ou para influenciá-lo, sempre será considerada oferta.

A oferta é sempre feita pelo fornecedor, interessado na apresentação, lançamento, divulgação ou venda de produto ou serviço. Além de responsável pela oferta que fizer diretamente, o fornecedor é solidariamente responsável por aquela feita por seus empregados, agentes e representantes, inclusive autônomos, que em nome dele atuarem, em conformidade com o art. 34 do CDC. O simples fato de ofertar o produto ou serviço já obriga o fornecedor a cumprir o ofertado nos termos propostos. Assim, no que tange à oferta, a proteção ao consumidor potencial ocorre, preventivamente, pela regulamentação das atividades de oferta e publicidade, bem como pela coibição de condutas que possam influir na decisão do interessado, induzindo-o a erro.

Firmado o contrato e completada a relação de consumo, surge a possibilidade (em caso de recusa) de cumprimento forçado da obrigação nos termos da oferta. É uma ação de cunho repressivo, a fim de garantir ao consumidor o fornecimento segundo os termos da oferta.

Para exemplificar, poderíamos citar os programas de milhagem das companhias aéreas. Como o objetivo da empresa ao ofertar passagens gratuitas é fidelizar o consumidor, atraí-lo para comprar com ela, no caso de a empresa se recusar à entrega do brinde nos termos do ofertado, o consumidor poderá obrigá-lo a tanto, por força de um processo judicial.

Regime de responsabilização da oferta

O princípio da vinculação foi plenamente aceito pelo Código de Defesa do Consumidor. Sua regra é básica: aquele que oferta é forçado a cumprir a obrigação contratual nos termos propostos.

Em razão do princípio da vinculação da oferta, duas consequências derivam para o fornecedor: (a) o ofertado passa a fazer parte do contrato; e (b) obrigação do cumprimento da oferta, em virtude da conclusão do contrato.

A oferta é obrigação pré-contratual. Uma vez cumprida, estará satisfeita a obrigação. Recusando-se o fornecedor a implementá-la ou dar-lhe cumprimento, restará ao consumidor a previsão do art. 35 do CDC, ou seja, exigir, na via amigável ou judicial, o cumprimento forçado da obrigação, nos termos da oferta, apresentação ou publicidade, ou, alternativamente e à sua escolha, aceitar outro produto ou prestação de serviço equivalente, com complementação do pagamento ou restituição da diferença, ou, ainda, rescindir o contrato mediante a restituição de quantia eventualmente antecipada, monetariamente atualizada, e composição de perdas e danos.

Promoções

Quando a promoção de venda apresenta o elemento sorte no processo de seleção do ganhador, e a participação está subordinada à aquisição de um produto, a promoção de venda necessita autorização governamental. Para atender à demanda de autorizações, a competência administrativa na matéria foi repartida pelo legislador entre a Secretaria de Acompanhamento Econômico (SEAE), órgão do Ministério da Fazenda, e a Caixa Econômica Federal (CEF), empresa pública vinculada a esse ministério. Esse processo pode variar entre 30 e 90 dias para promoções comerciais que envolvam distribuição gratuita de prêmios a título de propaganda, quando efetuada mediante sorteio, vale-brinde, concurso ou operação assemelhada, nos termos da Lei nº 5.768/1971, que também traça diretrizes para a aplicação das sanções administrativas relativas à violação do regime legal de autorização.

Direitos autorais

A proteção aos direitos autorais nasce no art. 5º da Constituição Federal de 1988, sob a rubrica dos "Direitos e deveres individuais e coletivos", da seguinte forma:

> XXVII – aos autores pertence o direito exclusivo de utilização, publicação ou reprodução de suas obras, transmissível aos herdeiros pelo tempo que a lei fixar;
> XXVIII – são assegurados, nos termos da lei:
> [...]
> b) o direito de fiscalização do aproveitamento econômico das obras que criarem ou de que participarem aos criadores, aos intérpretes e às respectivas representações sindicais e associativas.

Direito autoral é também matéria regulada pela Lei nº 9.610/1988, que abriga os direitos de autor propriamente ditos, bem como os direitos conexos. Direitos conexos, vizinhos ou afins são os direitos dos artistas, intérpretes e executantes, sendo-lhes concedida proteção semelhante à dos direitos de autor propriamente ditos. Tem-se que o objeto desses direitos se encontra associado a obras intelectuais previamente criadas, referindo-se à difusão criativa dessas obras. Um exemplo clássico é o do intérprete de uma canção, que, ao interpretá-la, incorpora à obra já criada seu esforço criativo.

Na propaganda, os contratos assinados entre os artistas ou seus representantes legais e o cliente (anunciante), por intermédio de sua agência, costumam estabelecer a duração do anúncio (exemplo: 30 segundos de TV), a abrangência da veiculação (todo o território nacional, por exemplo), o tempo durante o qual será veiculado (seis meses), já que os cachês são calculados considerando também essas informações.

Com o advento das mídias digitais, deve ser realçado que o atual ordenamento legal é insuficiente para controlar ou disciplinar uma realidade informatizada, dada a complexidade dessa novíssima área do conhecimento. É claro que a regulamentação desse meio de comunicação é necessária, visto que abusos das mais variadas espécies vêm sendo cometidos por meio da internet, fazendo sofrível o direito do autor. Em virtude de tais distorções, o governo federal realizou, em 2009, o Fórum Nacional de Direito Autoral, que resultou em um anteprojeto de lei que altera a Lei de Direitos Autorais. O conteúdo desse anteprojeto ficará aberto à consulta pública e às contribuições e sugestões da sociedade.[42] Segundo a Diretoria de Direitos Intelectuais do Ministério da Cultura,[43] após recebidas as contribuições, será elaborado um texto final do projeto de lei a ser encaminhado ao Congresso Nacional.

Em 11 de maio de 2010, durante o seminário Cultura Sustentável,[44] promovido pelo Senado Federal com apoio da Associação Brasileira de Emissoras de Rádio e Televisão (Abert) e da Associação Nacional dos Jornais (ANJ), o professor Sydney Sanches, especialista na área de propriedade intelectual e membro do Conselho Estadual de Defesa da Propriedade Intelectual, afirmou:

> A internet é uma ferramenta de informação fabulosa, cuja importância e permanência em nossas vidas é indiscutível, mas o livre acesso à informação que a rede permite não pode redundar na subtração de direitos de terceiros.

---

[42] A consulta pública do anteprojeto de lei que reforma a Lei nº 9.610/1998, a Lei de Direitos Autorais, está disponível na página do Ministério da Cultura: <www.cultura.gov.br/consultadireitoautoral/>. Acesso em: 20 jun. 2010.
[43] Disponível em: <http://odiario.com/dmais/noticia/308931/proposta-de-nova-lei-dos-direitos-autorais-tera-consulta-publica.html>. Acesso em: 19 jun. 2010.
[44] Disponível em: <www.senado.gov.br/noticias/verNoticia.aspx?codNoticia=101869&codAplicativo=2>. Acesso em: 19 jun. 2010.

Em debate estava a proteção dos direitos autorais e do conteúdo nacional em um ambiente de convergência digital, bem como a divulgação de conteúdo jornalístico por empresas estrangeiras na internet.

Na mesma ocasião, o advogado João Carlos Muller Chaves, que trabalhou com gravadoras e é consultor jurídico da Associação Brasileira dos Produtores de Discos (ABPD), defendeu enfaticamente os direitos autorais e destacou que a única proteção que os autores têm é a jurídica, lembrando que todas as leis que se aplicam à imprensa e à radiodifusão também servem para a internet:

> Não sou isento, tenho um partido tomado: o da defesa do direito de autor. A luta se resume numa palavra: internet. Na rede há interesses gigantescos contra os direitos autorais. As empresas de internet ganham dinheiro com publicidade e, quanto mais oferecerem conteúdo grátis, maior tráfego atraem e assim ganham mais dinheiro em publicidade.

Vimos aqui os principais aspectos da legislação concernentes à publicidade e à propaganda. Recomendamos sempre a consulta a profissionais especializados, para que você não incorra em riscos desnecessários e possa fazer uso adequado de seu tempo e verba.

Conclusão

Nosso desafio foi mostrar as principais ferramentas de comunicação hoje disponíveis, à luz do olhar de um profissional que pode e precisa conhecer o universo existente para, então, adaptá-lo ao que, efetivamente, precisa de uma forma diferenciada e estratégica. Mais do que um gerente de ferramentas, especificamente, nosso interesse é ver como se tece a trama diante da diversidade de instrumentos existente. Acreditamos que marcas fortes são capazes de vender mais e por mais tempo, assegurando preferência e longevidade.

Não por acaso utilizamos, sempre que cabível, a imagem da paleta de cores, como forma de ilustrar a dinâmica da visão holística: o todo pelas partes, em que se fizermos uso de apenas um instrumento, este irá afetar a marca como um todo, para o bem ou para o mal.

Com todas as ferramentas disponíveis, podemos pintar o sete, o oito, o nove... Sua criatividade, aliada ao bom-senso, à coerência e à consistência vão determinar o sucesso de sua obra. Lembrando apenas que há três limitadores: o tempo como prazo, a legislação e a verba.

É claro que a comunicação não pode resolver problemas inerentes a outros aspectos, tais como a própria gestão da empresa ou aspectos operacionais. Esperamos que tenha ficado claro que, sem que estes sejam resolvidos primeiramente, o uso de comunicação – seja de uma única ferramenta ou mesmo de várias delas simultaneamente – poderá comprometer até a saúde da marca. Afinal, como patrimônio intangível da organização e fruto da soma de aspectos emocionais e racionais, marcas deverão retratar a sinergia entre seus valores e práticas, visando proporcionar experiências únicas e profundas.

A experiência da comunicação foi o fator determinante para a evolução (nem sempre pacífica) dos povos. Aprender diariamente a usá-la em prol do bem comum e como ferramenta para construir eticamente uma estratégia de mundo e de mercado constitui igualmente uma das contínuas etapas do aperfeiçoamento humano.

Dessa forma, entretenimento, interação, espírito e atitude colaborativa, mais do que palavras soltas, são a "ordem do dia": ambiente, meios, formas e mensagens ao mesmo tempo, para uma sociedade sem fronteiras, mais consciente e ávida por participar, se expor e contribuir, influenciando decisões estratégicas.

Referências

AAKER, David A. *Marcas*: brand equity – gerenciando o valor da marca. São Paulo: Negócio, 1998.

ALMEIDA, João Batista de. *A proteção jurídica do consumidor*. 2. ed. rev. atual. e ampl. São Paulo: Saraiva, 2000.

BAUMAN, Zygmunt. *Vida líquida*. Rio de Janeiro: Zahar, 2007.

BEKIN, Saul F. *Conversando sobre endomarketing*. São Paulo: Makron Books, 1995.

BENJAMIN, Antônio Herman de Vasconcelos. *Código Brasileiro de Defesa do Consumidor* – comentado pelos autores do anteprojeto. Rio de Janeiro: Forense, 2005. p. 280.

BITTAR, Carlos Alberto. *Direitos do consumidor*. Rio de Janeiro: Forense, 1995.

CALAZANS, Flávio. *Propaganda subliminar multimídia*. São Paulo: Summus, 1992.

CHAISE, Valéria Falcão. *A publicidade em face do Código de Defesa do Consumidor*. São Paulo: Saraiva, 2001.

COLLINS, James C.; PORRAS, Jerry I. *Feitas para durar*. Rio de Janeiro: Rocco, 1998.

COSTA, Antônio Roque; TALARICO, Edison de Gomes. *Marketing promocional*: descobrindo os segredos do mercado. São Paulo: Atlas, 1996.

COUTINHO, Marcelo. Capital social e marca digital: as empresas já estão na blogosfera, com ou sem estratégia para tanto. *Ibope*, 25 set. 2008. Disponível em: <www.ibope.com.br/calandraWeb/servlet/CalandraRedirect?temp=5&proj=PortalIBOPE&pub=T&db=caldb&comp=Notícias&docid=7E7AA880823A3F09832574CF0049A6AB>. Acesso em: 3 abr. 2009.

FERREIRA, Aurélio Buarque de Holanda. *Novo dicionário Aurélio da língua portuguesa*. São Paulo: Positivo Informática, 2004. Versão eletrônica 5.0.18.

FERRÉS, Joan. *Televisão subliminar*: socializando através de comunicações despercebidas. Trad. Ernani Rosa e Beatriz A. Neves. Porto Alegre: Artmed, 1998.

JENKINS, Henry. *Cultura da convergência*. São Paulo: Aleph, 2008.

KOTLER, Philip. *Administração de marketing*: análise, planejamento, implementação e controle. 4. ed. São Paulo: Atlas, 1998.

_____. *Administração de marketing*: a edição do novo milênio. São Paulo: Prentice Hall, 2000.

_____; KELLER, Kevin L. *Administração de marketing*. 12. ed. São Paulo: Pearson Prentice Hall, 2006.

LEAVITT, Harold J. *Corporate pathfinders*. Homewood, Ill: Dow Jones-Irwin, 1986.

LEVITT, T. *A administração de marketing*. São Paulo: Atlas, 1990.

LIMEIRA, Tania M. Vidigal. *E-marketing*: o marketing na internet com casos brasileiros. São Paulo: Saraiva, 2007.

LINDSTROM, Martin. *Brand sense*: a marca multissensorial. Porto Alegre: Bookman, 2007. Disponível em: <www.brand.com/> ou <www.martinlindstrom.com/>. Acesso em: 3 jul. 2009.

LUPETTI, Marcélia. *Planejamento de comunicação*. São Paulo: Futura, 2000.

MARQUES, Claudia Lima. *Contratos no Código de Defesa do Consumidor*. Rio de Janeiro: Forense, 2002.

MASLOW, Abraham. H. Uma teoria da motivação humana. In: BALCÃO, Y.; CORDEIRO, L. L. (Orgs.). *O comportamento humano na empresa*. Rio de Janeiro: FGV, 1975. p. 337-366.

MASSO, Fabiano. *Direito do consumidor e publicidade clandestina*: uma análise jurídica da linguagem publicitária. Rio de Janeiro: Elsevier, 2009.

MCCARTHY, E. Jerome; PERREAULT JR., William D. *Marketing essencial*. São Paulo: Atlas, 1999.

MCKENNA, Regis. *Marketing de relacionamento*: estratégias bem-sucedidas para a era do cliente. Rio de Janeiro: Campus, 1992.

MELO NETO, Francisco de Paula; FRÓES, César. *Responsabilidade social & cidadania empresarial*: a administração do terceiro setor. Rio de Janeiro: Qualitymark, 1999.

MILLS, Daniel Q. *Empowerment*: um imperativo. Rio de Janeiro: Campus, 1996.

MINTZBERG, Henri; AHLSTRAND, Bruce; LAMPEL, Joseph. *Safári de estratégia*: um roteiro pela selva do planejamento estratégico. Porto Alegre: Bookman, 2000.

MORIN, Edgar. *Cultura de massas no século XX*: o espírito do tempo, neurose. São Paulo: Forense Universitária, 2000.

MOTTA, Paulo Roberto. *Gestão contemporânea*: a ciência e a arte de ser dirigente. 12. ed. Rio de Janeiro: Record, 1998.

OGDEN, James R.; CRESCITELLI, Edson. *Comunicação integrada de marketing*. São Paulo: Pearson Prentice Hall, 2007.

OLIVEIRA, Djalma de Pinho Rebouças. *Planejamento estratégico*: conceitos, metodologia e práticas. São Paulo: Atlas, 2007.

PEPPERS, D.; ROGERS, M. *Marketing um a um*: marketing individualizado na era do cliente. Trad. Luiz Frazão Filho. São Paulo: Campus, 1994.

PORTER, Michael E. *Estratégia competitiva*: técnicas para análise de indústrias e da concorrência. Trad. Elizabeth Maria P. Braga. 16. ed. Rio de Janeiro: Campus, 1986.

PRADO E SILVA, Adalberto et al. *Dicionário Melhoramentos da língua portuguesa*. São Paulo: Melhoramentos, 1977.

RABAÇA, Carlos Alberto; BARBOSA, Gustavo. *Dicionário de comunicação*. Rio de Janeiro: Codecri, 1978.

RIES, Al; TROUT, Jack. *Posicionamento*: a batalha pela sua mente. São Paulo: Pioneira, 1996.

_____; _____. *Posicionamento*: a batalha pela sua mente. Trad. José Roberto Whitaker Penteado. 8. ed. São Paulo: Pioneira, 1999.

SAAD, Beth. *Estratégias para a mídia digital*: internet, informação e comunicação. São Paulo: Senac, 2003.

SHIMP, Terence A. *Propaganda e promoção*: aspectos complementares da comunicação integrada de marketing. Porto Alegre: Bookman, 2002.

SUN TZU. *A arte da guerra*. Trad. Pedro Manoel Soares. 2. ed. São Paulo: Ciranda Cultural, 2008.

TAVARES, Maurício. *Comunicação empresarial e planos de comunicação*: integrando teoria e prática. São Paulo: Atlas, 2009.

WEINSTEIN, A. *Segmentação de mercado*. São Paulo: Atlas, 1995.

Os autores

Vera Waissman

Mestre em administração pública pela FGV/Ebape e bacharel em economia pela Fundação Armando Álvares Penteado (Faap-SP). Com mais de 20 anos de experiência profissional, foi executiva da Aracruz Celulose, General Electric do Brasil, Grupo Pierre Cardin e FCB/Foote, Cone & Belding. Tem realizado consultorias para a FGV, ABN AMRO Banco Real, Petrobras, Novartis, O Sol, Hólos Arte, Enel Green Power, Brava/Excell e Hotel Caesar Park, além de ter realizado projetos para as secretarias de Turismo de Minas Gerais e Ceará. É professora convidada dos cursos do FGV Management e do Instituto de Economia da UFRJ, nas áreas de marketing, gestão empresarial, gestão de pessoas, gestão estratégica de serviços e de vendas, turismo, responsabilidade social e terceiro setor. Para interagir: <profaveraw@duzer.com.br>; <vera@duzer.com.br>; Facebook e LinkedIn: Vera Waissman.

Carlos Campana

Especialista em marketing pela PUC-Rio e graduado em publicidade e propaganda pela UFRJ. Trabalhou em marketing na Embratel, RJ Reynolds Tabacos e na Merck S.A. – Indústrias Químicas. Nas agências DPZ, Almap/BBDO, Caio, V&S e Thompson planejou a comunicação da Coca-Cola, Embratel, Souza Cruz, jornal *O Globo*, Fleischman e Royal, Pepsi-Cola, Xerox, Revendedores Ford, Cerveja Bavaria, entre outros. Tem mais de 30 anos de docência em diversas universidades do Rio de Janeiro, onde atuou como professor convidado no IAG da PUC e no FGV Management por vários anos.

É consultor de marketing e comunicação, e atualmente dirige o atendimento da DPZRIO10, núcleo de negócios voltado para o marketing cultural, esportivo e socioambiental da DPZ. Para interagir: <campana.rlk@terra.com.br>.

Nayra Assad Pinto

Especialista em direito do consumidor pela Escola da Magistratura do Estado do Rio de Janeiro. Graduada em direito pela Universidade Estácio de Sá. Membro acadêmico do Instituto Brasileiro de Política e Direito do Consumidor (Brasilcon). Palestrante e consultora de empresas nas áreas de direito do consumidor, responsabilidade civil e direito empresarial. Professora convidada no FGV Management. Para interagir: <nayra.pinto@terra.com.br>.